FÜR BABYS

LUCIA CREMER

KOCHEN

LEICHT GEMACHT

FÜR BABYS KOCHEN

LUCIA CREMER

LEICHT GEMACHT

Gesundes aus
der eigenen Küche
für Babys und Kleinkinder
bis 18 Monate

Für Babys kochen,
leicht gemacht

Lucia Cremer

2. überarbeitete Auflage 2015

Genehmigte Lizenzausgabe für
Nikol Verlagsgesellschaft mbH & Co. KG,
Hamburg, 2014

Copyright © 2009 Shaker Media GmbH
Postfach 101818, 52018 Aachen

Titelabbildung: PeopleImages.com
Covergestaltung: Timon Schlichenmaier,
Hamburg
Druck: Gorenjski tisk storitve
Printed in Slovenia
ISBN: 978-3-86820-208-3

www.nikol-verlag.de

Haftung
Die Forschung auf dem Gebiet der
Ernährung für Babys und Kleinkinder ist
nicht abgeschlossen, bitte beachten Sie,
dass im Zweifelsfall immer eine
persönliche Beratung bei Ihrem
Kinderarzt, Hebamme oder
Mütterberatung notwendig ist.
Eine Haftung ist ausgeschlossen.

Texte und Layout
Lucia Cremer
Eschenweg 72
52249 Eschweiler

Lektorat
Christine Adler

Quellen

Forschungsinstitut für Kinderernährung

Weltgesundheitsorganisation

Arbeitsgemeinschaft der Wissenschaftlichen Medizinischen Fachgesellschaften

Deutsche Gesellschaft für Ernährung e. V.

Berufsverband der Kinder- und Jugendärzte e.V.

Konsensuspapier im Auftrag des bundesweiten Netzwerk Junge Familie

Bildnachweise

S. 1 © Titelfoto Vojtech Vlk – fotolia.com

S. 2 © Dartenjoy - stock.xchng

S. 4 © bjearwicke - stock.xchng.com

S. 6 © Simbarb - stock.xchng

S. 8 © Avava - fotolia.com

S.10 © Violetstar – fotolia.com

S.12 © Oldskoolman.de

S.19 © Dron – fotolia.com

S.22 © Jonathan Willmann – aboutpixel.de

S.24 © Alex Q - fotolia.com

S.38 © Franz Pflügel – fotolia.com

S.40 © Jana Koll - stock.xchng.com

S.56 © Dron – fotolia.com

S.58 © Raia - fotolia.com

S.59 © Oldskoolman.de

S.64 © Armin Schindler – aboutpixel.de (Luftballons)

S.86 © Dimityp – dreamstime.com

S.88 © Damon Hart-Davis - gallery.hd.org

S.91 © babyclub.de

Alle anderen Fotos © Helmut Cremer © Lucia Cremer

Inhaltsverzeichnis

✓ praxisnah

✓ informativ

✓ aktuell

Liebe Leserin, lieber Leser,
ich heiße Lucia Cremer und bin seit vielen Jahren als Kinderkrankenschwester in einer Elternschule tätig. Ich leite Kurse wie zum Beispiel Babymassagen, Spielgruppen, ein Still-Café und Kurse rund um Babyernährung.

Eltern unterstützen,
heißt für mich, Eltern im ersten Jahr mit Ihren Babys zur Seite zu stehen und sie darin zu unterstützen, ihren eigenen, individuellen Weg zu finden.

Die Idee zum Buch
Im Kurs „Kochen für Babys", zeige ich vielen Mamas und einigen Papas, wie sie für ihr Baby selber kochen können. In einer kleinen Broschüre habe ich die Rezepte aufgeschrieben und einige Tipps aus dem Kurs zusammengefasst. Aus dieser Broschüre ist im Laufe der Zeit dieses Buch entstanden.

Babys gesund zu ernähren,
ist für viele Eltern sehr wichtig. Deshalb möchten sie gerne selber für ihr Baby kochen und sich sicher sein, dass sie alles richtig machen.
Mein Buch „Für Babys kochen - leicht gemacht" soll Sie dabei unterstützen.

Selber kochen
Frisches Essen ist lecker, gesund, allergenarm, preiswert und wie Sie noch sehen werden, ruck zuck zubereitet.

Fragen zur Babyernährung
Auf den ersten Seiten habe ich häufig gestellte Fragen aus dem Kurs „Kochen für Babys" aufgeschrieben. Vielleicht finden Sie dort schon Antworten auf Ihre Fragen.

Praxisnah

Neben meinen eigenen Erfahrungen als Mutter, orientieren sich die Tipps im Buch an Erfahrungen aus der Arbeit in meinen Kursen und sind möglichst praxisnah gestaltet.

Produktempfehlungen

Praxisnah bedeutet auch, dass ich einige Dinge für den Einkauf konkret benenne. Meine Empfehlungen sollen keinerlei Werbung darstellen. Sie beziehen sich ausschließlich auf die Inhaltstoffe und werden in keiner Form honoriert.

Informativ

Natürlich erhalten Sie Informationen über gesunde Babyernährung. Sie erhalten einen Überblick, ab wann Beikost eingeführt werden kann und wie das geht, welche Lebensmittel geeignet sind und worauf Sie achten sollten.

Aktuelles

Die Forschung auf dem Gebiet der Säuglingsernährung ist nicht abgeschlossen. Alle Tipps im Buch beziehen sich auf den Wissenstand von Januar 2014.

Bitte informieren Sie sich auf meiner Internetseite über eventuelle Veränderungen.

Jedes Baby ist anders und nicht immer geht alles nach Plan.
Wenn Sie Fragen haben, können Sie sich gerne an mich wenden.

Auf meiner Internetseite

www.babytipps24.de
Hier können Sie sich jederzeit über Aktuelles rund um Babys Ernährung informieren.

Als Expertin für Babyernährung

www.lifeline.com
Im Internetportal von Lifeline-Medizin im Internet können Sie mir online kostenlos Ihre Fragen stellen.

Über die Elternschule

www.storchenbiss-ev.de
In der Elternschule Storchenbiss e.V. in Eschweiler können Sie an meinen Kursen und Seminaren teilnehmen.

Und nun wünsche ich Ihnen viel Spaß beim Lesen und Kochen.

Liebe Grüße *Lucia Cremer*

In den ersten 6 Monaten ist Ihr Baby mit Muttermilch bzw. Anfangsmilch bestens versorgt.

Was ist Folgemilch?
Folgemilch 2 und 3 wird sehr umworben, ist aber keinesfalls besser für Ihr Baby und wird vom *FKE* nicht empfohlen.

Was bedeutet *HA* Nahrung?
Wenn ein Elternteil oder ein Geschwisterkind bereits eine Allergie hat und das Baby nicht gestillt wird, wird in den ersten 4 - 6 Lebensmonaten eine Anfangsmilch mit der Bezeichnung *HA* empfohlen.

Wie lange kann ich ausschließlich stillen?
Ihr Baby erhält in den ersten 6 Monaten beim Stillen alles, was es braucht. Muttermilch verändert je nach Alter des Kindes die Zusammensetzung um Ihr Baby bestens zu versorgen.

Kann ich mein Kind durch eine bestimmte Ernährung vor Allergien schützen?
Als bester Schutz vor Allergien wird empfohlen Ihr Baby die ersten 4- 6 Lebensmonate ausschließlich mit Muttermilch zu ernähren. Spezielle „Diäten" zum Schutz vor Allergien sind derzeit nicht bekannt. Wichtig ist jedoch der langsame Nahrungsaufbau. Weitere Tipps zum Schutz vor Allergien finden Sie auf Seite 90. Lesen Sie auch die Info zur HA-Nahrung.

Was ist Anfangsmilch-pre?
Auch Babys, die Säuglingsnahrung erhalten, entwickeln sich prima. Keine Frau sollte sich schlecht fühlen, wenn Sie nicht stillt. Anfangsmilch-pre ist auf Babys abgestimmt und kann bis zum Ende des Flaschenalters genau wie Muttermilch nach Bedarf angeboten werden. Sie enthält keine Stärke und ist der Muttermilch am ähnlichsten.

Möhrensaft ins Fläschchen?
Bitte nicht. Das Argument der Geschmacksgewöhnung ist haltlos, denn Gemüse in Milch hat geschmacklich nichts mit reinem Gemüse gleich. Außerdem greift Obst, besonders Möhrensaft die Zähne an.

Was ist Anfangsmilch-1?
Anfangsmilch-1 enthält zusätzlich Stärke und sollte in Bezug auf die Menge in etwa nach Anweisung der Hersteller verwendet werden.

Was ist Beikost?

Mit Beikost oder fester Nahrung ist jedes Lebensmittel gemeint, welches das Baby im ersten Jahr neben der Muttermilch bzw. Anfangsmilch erhält.

Muttermilch bzw. Anfangsmilch bleibt Hauptnahrungsmittel und wird von Beikost ergänzt.

Wann ist der richtige Zeitpunkt für Beikost?

Beikost sollte frühestens mit 5 Monaten und spätestens mit Beginn des 7. Monats angeboten werden.

Verlassen Sie sich auf Ihr Gefühl, die meisten Eltern haben ein gutes Gespür dafür, ab wann Ihr Baby Beikost braucht.

Leider werden Eltern von Werbung, Babyratgebern, Bekannten, der Familie und auch von anderen Eltern sehr verunsichert und orientieren sich zusätzlich an Tabellen.
Zeitangaben wie nach dem 4.Monat, ab 5 Monate, im 5.Lebensmonat oder zwischen dem 5. und 7. Monat sind sehr verwirrend und geben kaum die gewünschte Sicherheit.

Aus Erfahrung kann ich sagen, dass die meisten Babys ab etwa 6 Monaten bzw. etwa 23 Wochen im richtigen Alter sind, um Beikost zu erhalten.

Wann beginne ich bei Frühgeborenen mit Beikost?

Bei Frühchen wird der Zeitpunkt für die erste Beikost nicht vom tatsächlichen Geburtstag, sondern vom berechneten Geburtstermin aus bestimmt.

Was wird zu Beginn gut vertragen?

Von den meisten Kindern wird zu Beginn der Beikost ein Gemüsebrei aus Möhre, Pastinake, Zucchini und Kürbis sowie milchfreier Reisbrei gut vertragen. Alternativ können diese Gemüsesorten auch gedünstet in Form von Sticks als „Fingerfood" angeboten werden.

Kann ich mehrere Gemüsesorten mischen?

Verwenden Sie pro Rezept besser nur eine Gemüsesorte. Babys Verdauungssystem ist noch unreif, zu viele Zutaten in einem Rezept belasten Ihr Baby unnötig.

Sollte ein Baby immer nur Kartoffeln im Brei erhalten?

Kartoffeln sind ein wichtiger Baustein in Babys Ernährung und liefern viele Spurenelemente. Es kann jedoch auch ab und zu Reis erhalten. Nudeln eigen sich gut als Fingerfood und weniger im pürierten Brei.

Darf mein Kind Gluten erhalten?

In den ersten 6 Lebensmonaten sollte Ihr Baby kein Gluten erhalten. Ab etwa 7 Monate darf es glutenhaltiges Getreide z. B. im Milchbrei erhalten.
Gluten ist in Getreidesorten wie Weizen, Hafer und Dinkel enthalten.

Braucht mein Baby früher Beikost, wenn es nur wenig zunimmt?

Nein. Die erste Beikost hat niemals so viele Kalorien wie Muttermilch bzw. Anfangsmilch. Solange Ihr Baby regelmäßig zunimmt, ist alles in Ordnung. Auch zarte, schlanke Babys sind in der Regel gesund.

Wann wird Beikost angeboten?

Die *WHO* empfiehlt, zusätzlich zur Muttermilch mehrmals am Tag etwas altersentsprechende Beikost anzubieten. Die Mengen werden dabei langsam gesteigert und das Baby entscheidet selber, ab wann es auf Muttermilch bzw. Anfangsmilch verzichten möchte.

Das *FKE* empfiehlt, Milchmahlzeiten nach und nach zu bestimmten Uhrzeiten gegen Beikost zu ersetzen. Gerade bei Frauen, die wieder arbeiten möchten ist diese Methode sehr beliebt.

Entscheiden Sie selber, wie Sie und Ihr Baby am besten zurecht kommen.

Muss mein Baby immer zur gleichen Uhrzeit essen?

Nein. Wählen Sie eine Zeit, in der das Baby gut gelaunt und ausgeschlafen ist und Sie frei von Zeitdruck sind. Eher ungeeignet sind zu Beginn die Abendstunden, da sonst der Schlaf gestört werden könnte.

Was kann das Baby essen?

Nach meiner Erfahrung ist es wichtig, das Kind sehr langsam an feste Kost zu gewöhnen und nur wenige ausgesuchte Lebensmittel zu probieren. Auf Seite 21 lesen Sie, welche Produkte Sie wann probieren können.

Ab wann kann ich eine Milchmahlzeit ersetzen?

Etwa nach 6 bis 7 Monaten kann der Gemüse-Kartoffelbrei eine Milchmahlzeit ersetzen. Bieten Sie den Gemüse-Kartoffelbrei am besten vor dem Stillen bzw. der Flasche an und steigern Sie die Menge des Breis langsam.

Wie viel ist eine Portion?

Eine Portion ist im Durchschnitt 190g. Je nach Tagesform des Babys variieren die Mengen jedoch. Seien Sie nicht enttäuscht, wenn Ihr Baby nur wenig essen möchte. Der Appetit von Babys ist sehr unterschiedlich. Bedenken Sie auch, dass Babys nicht jeden Tag gleich viel Hunger haben.

Braucht mein Kind jeden Tag Abwechslung?

Jein. Am Anfang sollten Sie bei Ihrem ausgesuchten Gemüse bleiben, damit Ihr Baby sich an den Geschmack gewöhnt. Manchmal dauert es 1-2 Wochen, bis ein Baby Geschmack am ersten Gemüsebrei findet. Probieren Sie pro Woche nur 1–2 neue Lebensmittel aus.
Ab etwa 7 Monaten können die Gemüsesorten, die Ihr Baby bereits kennen gelernt hat regelmäßig abgewechselt werden.

Muss ich das Essen pürieren?

Nein. Nicht alle Kinder mögen Brei. Einige Kinder bevorzugen Fingerfood. Garen Sie die Zutaten wie im Rezept beschrieben. Gießen Sie das Kochwasser ab und beträufeln Sie das Gemüse und die Kartoffeln mit Öl. Lassen Sie Ihr Kind das Essen ruhig anfassen. Ihr Baby möchte alles erkunden und kennen lernen. Mit dem Löffel zu essen kann es später lernen.

Braucht mein Baby Wasser?

Ja. Mit der Beikost sollte das Baby auch etwas Wasser trinken. Mehr auf Seite 22.

Schläft mein Baby durch, wenn es abends Brei bekommt?

Nein! Wenn es so einfach wäre, müsste niemand über Schlafprogramme diskutieren. Babys müssen schlafen erst lernen. Tipps zum Thema Schlafen und wie Babys lernen durchzuschlafen finden Sie auf www.babytipps24.de.

Worauf sollte ich achten, wenn ich doch mal ein Gläschen verwende?

Wählen Sie ein Gläschen, das aus möglichst wenigen Zutaten besteht und keine überflüssigen Zutaten wie Salz oder Zucker enthält.

Erst durch das Zufügen von Öl und Saft wird aus einem mittags Gläschen eine vollwertige Mahlzeit, wie sie vom *FKE* empfohlen wird.

Geben Sie in ein 190g Gemüse/Kartoffel/Fleisch Gläschen 1 Teelöffel Rapsöl und 2 Esslöffel 100%igen Apfel oder O-Saft dazu.

Zuerst hat mein Baby gut gegessen aber plötzlich mag es nicht mehr, was kann ich tun?

Es kommt oft vor, dass Ihr Baby zunächst sehr viel Freude am Löffeln hat und plötzlich (oft nach 2-3 Wochen) die Beikost ablehnt. Machen Sie sich deswegen keine Sorgen. Stillen Sie Ihr Kind oder geben das Fläschchen und probieren Sie es später noch mal. Manchmal ist es auch sinnvoll, die Beikost für einige Tage weg zu lassen und dann noch mal neu zu starten.

Braucht mein Baby Fleisch?

Nein. Nicht unbedingt. Etwa nach 7 Monaten sind die Eisenreserven des Babys langsam aufgebraucht. Ihr Baby sollte nun eisenreiche Speisen in Kombination mit Vitamin C erhalten. Vitamin C erhält Ihr Baby durch Apfelsaft im Essen und durch Obst. Als Eisenlieferant sind Haferflocken, Mandeln und Fleisch geeignet. Ich empfehle Fleisch nur in „bio"- Qualität zu kaufen. Falls dies nicht möglich ist, können Sie auf ein Gläschen Fleischzubereitung verschiedener Babykosthersteller zurückgreifen.

Wieso soll ein Baby so viel Öl bekommen?

Ihr Kind benötigt zum Aufbau der Gehirnzellen hochwertige Omega-3-Fettsäuren. Diese sind in Muttermilch und Anfangsmilch enthalten. Wird nun Muttermilch bzw. Anfangsmilch gegen Brei ersetzt, müssen Omega-3-Fettsäuren durch die Zugabe von Öl im Brei abgedeckt werden. Außerdem kann Ihr Baby bestimmte Vitamine nur aufnehmen, wenn es gleichzeitig Öl zu sich nimmt. Bis 10 Monate empfehle ich raffiniertes Rapsöl zu verwenden (Siehe Seite 20).

WICHTIG!
Auch „moppelige" Babys brauchen unbedingt Öl im Essen.

Darf ich beim Kochen Salz verwenden?

Nein! Salz belastet die noch unreifen Nieren. Erst ab etwa 12 Monate ist sehr wenig Salz erlaubt.

Kann ich Gemüse-Kartoffelbrei im Vorrat kochen?

Ja. Es hat sich im Alltag bewährt 2-3 Portionen auf einmal zu kochen. Bieten Sie eine Portion kurz nach der Zubereitung, wenn der Brei die richtige Temperatur hat, an. Den Rest bewahren Sie in einer luftdichten Dose bzw. Glas im Kühlschrank auf und verbrauchen den Brei innerhalb von 3 Tagen. Kurz vor der Mahlzeit im Wasserbad erwärmen. Ich persönlich würde den fertigen Gemüse-Kartoffelbrei nicht einfrieren. Der Brei verliert an Geschmack und Vitaminen. Gemüsebrei-pur eignet sich hingegen sehr gut zum Einfrieren.

Darf ich das Essen in der Mikrowelle erwärmen?

Babys Essen sollte nicht in der Mikrowelle erwärmt werden, da viele Antioxidantien (zellschützende Inhaltsstoffe), sekundäre Pflanzenstoffe, Antikörper und antibakterielle Substanzen zerstört werden, die für Säuglinge als Schutz vor Infektionen eine sehr große Rolle spielen. Außerdem können gefährliche Stoffe wie BPA aus Kunststoffen gelöst werden und dem Baby schaden.

Vollmilch für Babys?

Nach den aktuellen Leitlinien zur Allergievorbeugung können Babys ab etwa 6 Monate Kuhmilcheiweiß kennen lernen, ohne dass die Gefahr einer Allergie steigt.

Das heißt aber nicht, dass sie frische Vollmilch pur vertragen. Frische Vollmilch pur ist schädlich für die noch unreifen Nieren des Babys. Vollmilch sollte Ihr Baby deshalb im ersten Lebensjahr nur im Milchbrei verarbeitet kennen lernen.

Auch Joghurt, Käse, Quark und andere Milchprodukte sollte Ihr Baby erst um den ersten Geburtstag herum erhalten.

Eine Portion Milchbrei aus frischer Vollmilch ist für Babys unbedenklich und wird gut vertragen.

Welche Milch ist für Milchbrei geeignet?

Milchbrei können Sie aus Muttermilch bzw. Anfangsmilch oder aus Vollmilch 3,5% - 3,8% herstellen. Fettarme Milch ist nicht empfehlenswert.

Darf mein Baby Honig essen?

Nein. Babys und Kleinkinder bis zu 2 Jahren sollten keinen Honig bekommen. Im Honig können Keime enthalten sein, die im Darm des Babys ein Gift bilden. Dieses Gift führt zu Symptomen wie Schlaffheit und Verstopfung bis hin zur Atemlähmung.

Ab wann ist Fingerfood geeignet?

Aus meiner Erfahrung können Babys ab etwa 7 Monate gegarte Gemüsestücks und Brotwürfel sehr gut lutschen und haben Spaß an Fingerfood.

Was kann mein Baby knabbern?

Gut geeignet sind selbst gebackene Dinkeltaler und die erste weiche Rohkost wie Birne oder Banane. Weiche Brotstückchen sind ebenfalls gut geeignet. Vorsicht bei rohen Möhren, diese haben feine Widerhaken und es besteht die Gefahr, dass Ihr Baby sich verschluckt und etwas Möhre in der Luftröhre stecken bleibt. Lassen Sie Ihr Kind nicht ohne Aufsicht beim Essen!

Ab wann darf mein Baby Süßigkeiten essen?

Babys im ersten Lebensjahr brauchen keine Süßigkeiten. Neben Zucker sind oft auch überflüssige Aromen enthalten, die dem Baby schaden könnten.

Essen anbieten

Viel Zeit und Ruhe bei der Mahlzeit sind wichtig. Essen ist für Babys anstrengend, deshalb ist es wichtig genug Zeit einzuplanen. Eine Mahlzeit darf ruhig 15 – 20 Minuten dauern. Das Baby sollte langsam und in seinem Tempo essen.

Manchmal wenden Kinder nach wenigen Löffeln den Kopf ab und zeigen kein Interesse mehr. Dies bedeutet meist nicht "Ich bin satt" oder "es schmeckt mir nicht", sondern meist möchte das Baby damit sagen: "Bitte eine kurze Pause".

Lassen Sie das Kind dann einen Moment ausruhen und sprechen es erst wieder an, wenn es wieder zu Ihnen schaut.

Es ist nicht notwendig das Baby zum Essen zu überreden oder schnell etwas in den Mund zu geben, wenn es abgelenkt ist.

Schlaflose Nächte bringen viele Eltern an die Grenze ihrer Belastbarkeit. Für etwas Schlaf und ruhige Nächte würde man beinahe alles geben.
Viele hoffen deshalb auf „Gute-Nacht-Fläschchen", leider sind jedoch viele dieser Produkte sehr süß und enthalten wenig empfehlenswerte Zutaten. Hinzu kommt, dass viele enttäuscht feststellen müssen, dass ihr Baby keineswegs besser geschlafen hat.

Wenn Sie dennoch mit dem Gedanken spielen, Gute-Nacht-Fläschchen zu probieren, dann können Sie es selber zubereiten. So wissen Sie, welche Zutaten enthalten sind und vermeiden Zucker. Bitte beachten Sie, dass Ihr Baby mindestens 5 Monate alt sein sollte.

Zur Zubereitung ist bio Getreidebrei Reis(schleim) gut geeignet. Auf 100 ml Muttermilch bzw. Anfangsnahrung kommen 2 Teelöffel Getreidebrei (siehe auch Seite 44). Weitere Zutaten sind nicht notwendig.

Wählerische Babys oder wenn Beikost nicht nach "Plan" verläuft

Oft werden Babys danach "bewertet", wie schön sie schon "alles" essen.

Werbung und Umwelt suggeriert oft, dass propere Babys, die bereitwillig bei allem, was ihnen angeboten wird, den Mund öffnen und freudig essen, besonders gesund sind und sich auch später gesund ernähren.

Das ist falsch. Auch Kinder die nur wenige Lebensmittel akzeptieren sind meist gesund. Lassen Sie sich von Werbung und Zeitangaben nicht verwirren und "mitreißen". Sehr viele Babys sind wählerisch und akzeptieren neben ihrer Milch nur wenig Beikost. Viele Kinder sind mit 9 Monaten gerade mal soweit, dass sie neben der Milch nur etwas Gemüsebrei akzeptieren und alles weitere ablehnen. Auch gibt es viele Kinder, die Brei ganz ablehnen, aber schon früh Fingerfood mögen. Das ist ganz normal!

Die Sorge, dass ein wählerisches Baby später als Kleinkind nur "Süßkram" mag und gesundes Essen ablehnt, ist unbegründet. Kleinkinder lernen ihr Essverhalten von den Eltern und wenn der Familientisch aus gesunden Lebensmitteln besteht, wird Ihr Kind sich auch gesund ernähren.

Ein **Wachstumsschub** ist der Zeitraum, in dem Babys zum einen wachsen und zum anderen wichtige Fortschritte in der Entwicklung machen. So eine Phase dauert ca. 1 – 2 Wochen an.

In dieser Zeit weint Ihr Kind vielleicht, ist unruhig und unzufrieden und Sie sind vielleicht unsicher, ob Ihr Baby krank ist.

Auch kann es sein, dass Babys während einer solchen Phase plötzlich Beikost ablehnen und lieber nur Milch möchten. Machen Sie sich deswegen keine Sorgen, das ist ganz normal.

Sie müssen Ihr Baby nicht zum Essen überreden.

Der kleine „Vielfraß"
Es kann jedoch genauso gut sein, dass Ihr Baby ein kleiner Nimmersatt ist und phasenweise sehr viel essen möchte. Auch das ist normal. Solange Ihr Baby gesunde und altersgerechte Kost wie im Buch beschrieben erhält, sollte es sich satt essen dürfen. Oft folgt schon bald wieder eine Zeit mit wenig Appetit, sodass nicht zu befürchten ist, dass Ihr Kind zu dick wird.

ab ~5 Monate

Gemüsepüree/Obstmus

Ein noch relativ flüssiges Gemüsepüree aus nur einer Zutat ist ideal, um das Baby an Beikost den Löffel zu gewöhnen.
Üben Sie mehrmals täglich mit wenigen Löffeln; Ihr Baby muss jetzt noch keine ganze Portion essen.

milchfreier Reisbrei

Alternativ zu Gemüsepüree können Sie als erste Beikost auch einen milchfreien Reisbrei wählen. Reisbrei ist besonders gut geeignet bei Babys mit einem sehr empfindlichen Darm und deshalb Gemüse noch nicht vertragen. Auch bei Babys, die eine sehr trockene Haut mit Ekzemen haben, ist Reisbrei zu Beginn häufig besser geeignet als Gemüse.

ab ~6 Monate

Gemüse - Kartoffelbrei

Verträgt Ihr Baby 2-3 Gemüsesorten gut, können Sie einen Schritt weiter gehen und Babys Speiseplan um Kartoffeln und Öl erweitern.

Gemüse - Getreidebrei

Gemüse-Getreidebrei schmeckt etwas milder als Gemüse-Kartoffelbrei und wird manchmal besser vertragen.

ab ~6 Monate

Babys Menü

Ihr Baby kann nun ein vollständiges Menü mit Gemüse, Kartoffeln, Öl und einer eisenreichen Zutat wie Haferflocken, Mandelmus oder Fleisch erhalten.

Bitte bedenken Sie, dass Ihr Baby noch nicht sehr viele Zutaten auf einmal verdauen kann.

Bitte verwenden Sie pro Mahlzeit nur eine Gemüsesorte.

Kartoffel liefern wichtige Spurenelemente und sorgen für eine bessere Sättigung.

Rapsöl liefert wichtige Omega-3-Fettsäuren und sorgt dafür, dass bestimmte Vitamine aufgenommen werden können.

Apfelsaft 100 % dient zur besseren Vitamin-C-Versorgung.

ab ~6-7 Monate

Getreide - Milchbrei

Milchbrei wird üblicherweise abends gefüttert. Sie können ihn jedoch auch zu jeder anderen Tageszeit anbieten.

ab ~6-7 Monate

Fingerfood

Zur Vorbereitung auf feste Nahrung.

Je nach Alter des Kindes sind verschiedene Lebensmittel als Finderfood geeignet.

ab ~8 Monate

Frisches Obst
Getreide - Obst(Brei)

Nun steht eine milchfreie, kohlenhydratreiche Mahlzeit auf dem Speiseplan.

Getreide liefert neben B Vitaminen die nötige Energie für Ihr Baby.

Der Getreide- Obstbrei wird meist nachmittags angeboten.

Obst und Getreide muss nicht als Brei angeboten werden, sondern kann auch als Fingerfood gegeben werden. Das Obst sollte frisch und nicht gegart sein.

Als Getreide können Sie z.B. Dinkelstangen oder Zwieback dazu geben.

ab ~10 Monate

Brotmahlzeit

Eine Brotmahlzeit eignet sich gut zum Frühstück und / oder Abendessen.

Natürlich wird Ihr Kind nicht gleich ein komplettes Frühstück oder Abendbrot zu sich nehmen und sich hauptsächlich weiterhin von Brei und Muttermilch bzw. Anfangsmilch satt essen.

Die Utensilien
Um für Babys gesund und lecker zu kochen, bedarf es keiner besonderen Ausstattung. Lediglich ein Pürierstab oder Standmixer sollte eventuell angeschafft werden.

Abwiegen
Die Rezepte im Buch sind so gestaltet, dass Sie ohne Waage auskommen.

Bei Öl, Wasser und Saft entspricht
1 Esslöffel (EL) 10 g
1 Teelöffel (TL) 5 g.

Bei Getreidebrei und Schmelzflocken entspricht 1 gehäufter Esslöffel 10 g.

Wenn Sie es jedoch genau wissen möchten, so können Sie natürlich die Mengen abwiegen.
Die Grammangaben in den Rezepten, beziehen sich auf das geschälte bzw. geputzte Gemüse.

Keine Waage zur Hand
Ein Kaffeebecher zum Abmessen der klein gewürfelten Zutaten kann als Maß dienen. 1 Kaffeebecher gewürfeltes Gemüse bzw. Kartoffel entspricht in etwa 150 g.

Garzeiten
Die Zeitangaben der Garzeiten können je nach Art des Herdes abweichen. Ein etwas älterer Kochherd mit „normalen" Kochplatten braucht meist etwas länger als ein Herd mit Ceranfeld oder Induktionsfeld. Bitte verkürzen oder verlängern Sie Zeiten je nach Bedarf.

Fotos
Alle Fotos der Breie und Gerichte sind direkt nach der Zubereitung in meiner Küche entstanden.
Das Essen wurde nicht „gestylt" oder optisch verändert.
Die Fotos sollen als Anregung dienen und Sicherheit geben.

„Bio" Produkte

Bitte bevorzugen Sie für Ihr Baby schadstoffarme „bio" Produkte. Viele Supermärkte bieten preiswerte „bio" Produkte an, die in der Zeitschrift Öko Test (02/2010) durchweg positiv bewertet wurden. Aber natürlich können Sie auch „normal" angebaute Produkte verwenden.

Obst und Gemüse

Um Vitaminverluste zu vermeiden, sollte frisches Obst innerhalb weniger Tage und Gemüse innerhalb von 24 Stunden verarbeitet werden.

Tiefkühlgemüse

ist ebenfalls bestens geeignet. Empfehlenswert ist ungewürztes „Rohgemüse" ohne weitere Zutaten, am besten in „bio" Qualität.

Saft

Ein angeblich spezieller „Babysaft" ist nicht notwendig. Ich empfehle 100%igen naturtrüben Apfelsaft. Orangensaft wird von vielen Kindern auch gut vertragen, entweder frisch gepresst oder Direktsaft.

Fleisch

Ich empfehle Fleisch in „bio" Qualität zu bevorzugen. Als Alternative können Sie auf ein Gläschen Fleischzubereitung verschiedener Babykosthersteller zurückgreifen.

Früchtetee

Früchtetee aus 1-2 Fruchtsorten ist ideal, z.B. Hagebutten/Hibiskus Tee von Alnatura. Tees für Babys und Kleinkinder sollten keine Aromen enthalten.

Fencheltee

Bitte kaufen Sie nur hochwertigen Fencheltee in „bio" Qualität.
Zum Beispiel;
- ✓ Bio Fenchel Tee von Hipp
- ✓ Sidroga Bio Kinder Fencheltee
- ✓ Alnatura Baby Fencheltee
- ✓ Bio Fenchel Tee von Alete
- ✓ Babydream Bio Babytee Fenchel
- ✓ Babylove Bio Babytee Fenchel

Mandelmus

Mandelmus ist ein guter Eisenlieferant und eignet sich prima, um das Essen für sehr zarte Babys mit Kalorien anzureichern. Mandelmus erhalten Sie im Reformhaus und einigen Supermärkten. Bitte verwenden Sie nur weißes Mandelmus, z.B. von Alnatura oder Rapunzel. Mandeln sind übrigens Steinfrüchte und keine Nüsse. Mandelmus ersetzt jedoch nicht das Öl im Essen, da es zu wenige Omega-3-Fettsäuren enthält.

Raffiniertes Rapsöl

Wenn es nicht anders auf dem Etikett steht, ist das Öl raffiniert. Durch die Raffination wird es nahezu geruchs- und geschmacksneutral.
Schwermetalle, Pilzgifte und Rückstände von Pflanzenschutzmitteln werden entfernt. Es ist besonders für den ersten Brei zu empfehlen.

Kalt gepresstes oder natives Öl

Kalt gepresste Öle enthalten von sich aus mehr Vitamine (A und E) als raffinierte Öle. Sie haben einen eigenen Geschmack und Geruch, was ihnen eine besondere Note verleiht.
Da kalt gepresstes Öl mehr Schadstoffe enthalten kann, empfehle ich nur „bio" Öle zu verwenden, z.B. von Alnatura.

Beikost-Öl

Besonders empfehlenswert ist das Beikost-Öl von Holle. Es enthält neben Omega-3-Fettsäuren auch Omega-6-Fettsäuren und Gamma-Linolensäure. Sie können es in allen Rezepten anstatt Rapsöl verwenden.

Bitte pur

Babys Speisen sollte aus reinen Speisen ohne Zusätze bestehen.
Salz, Zucker und Honig sind genauso überflüssig wie Gewürze.

Babys haben noch "unverdorbene" Geschmacksknospen, für sie ist der natürliche Eigengeschmack von Lebensmitteln ausreichend würzig.

Lassen Sie sich nicht von der Vielfalt der Babyкosthersteller verunsichern.
Viele Produkte entsprechen nicht den Empfehlungen des *FKE* und orientieren sich eher am Geschmack der Eltern als an Ernährungsempfehlungen.

Schritt für Schritt

Lebensmittel sollten einzeln und im Abstand von einigen Tagen probiert werden.

In der Tabelle erhalten Sie einen Überblick, welche Lebensmittel in welchem Alter meist gut vertragen werden.

Die Altersangaben in der Tabelle und den Rezepten dienen nur als Anhaltspunkt.

Einen Ernährungs-Fahrplan finden Sie auf Seite 91.

ab Geburt	Muttermilch/Anfangsmilch, „bio" Fencheltee
ab 5 Monate	Zucchini (Gurke), Kürbis, Pastinake, Möhre, Avocado instant Getreidebrei (Reisflocken, Reisschleim)
ab 6 Monate	Kartoffel, raffiniertes Rapsöl, Fenchel, Maisgrieß (Polenta), Reis(mehl), Apfelsaft (im Gemüse-Kartoffelbrei), Hagebutten-Hibiskus Tee
ab 6 - 7 Monate	Blumenkohl, Brokkoli, Süßkartoffel, rote Beete Mandelmus, Haferflocken (im Gemüse-Kartoffelbrei) instant Getreidebrei (Hirse, Dinkel, Hafer) Kalbfleisch, Putenfleisch, Lammfleisch, Rindfleisch Apfelmus ohne Zucker, Vollmilch verarbeitet im Milchbrei
ab 7 - 8 Monate	Getreideflocken (Haferflocken, Dinkelflocken, Hirseflocken), instant Getreidebrei (Buchweizen, Weizengrieß), Birne, Apfel, Banane, Melone, Heidelbeere, Pfirsich Mirabelle, Aprikose, Brot (ohne Rinde), Dinkelstange, Zwieback (ohne Zucker), Kohlrabi
ab 9 - 10 Monate	Pflaume (gekocht), Butter, Petersilie, Schnittlauch, Fisch, natives Olivenöl, natives Rapsöl, Blattspinat, Mangold, Steckrübe Ei, Sahne und wenig Zucker in Gerichten verarbeitet.
ab 1 Jahr	Das Baby darf von allem probieren. (Alkoholhaltige und koffeinhaltige Lebensmittel sind natürlich ausgeschlossen!) Vermeiden Sie Fertigprodukte mit Zusatzstoffen und Aromen.
WICHTIG	**Muttermilch/Anfangsmilch bleibt Hauptnahrungsmittel im 1. Lebensjahr und soll von Beikost nur ergänzt werden.**

Ein Becher oder Trinklernbecher eignet sich prima zum Üben.

Ab etwa 5 - 6 Monate sollten Sie beginnen, Ihrem Baby mehrmals täglich etwas Wasser oder Früchtetee anzubieten. Ihr Baby muss jetzt noch keine zusätzliche Flüssigkeit zu sich nehmen, aber Übung macht den Meister und auch Trinken muss erst gelernt sein.

Erst ab der dritten Breimahlzeit benötigt Ihr Baby zusätzliche Flüssigkeit und sollte in etwa 200 – 800 ml über den Tag verteilt trinken.

Auch zu den Mahlzeiten darf Ihr Baby trinken. Die Regel „Trinken beim Essen verdirbt den Appetit" ist längst überholt.

Geben Sie nur so viel Wasser bzw. Tee in ein geeignetes Trinkgefäß wie Ihr Baby wahrscheinlich trinken möchte und ersetzen es mehrmals täglich gegen frisches. Durch den Speichel gelangen Keime ins Wasser, die sich gerade im Sommer sehr schnell vermehren.

Ab etwa 14 Monate sollten Kleinkinder in etwa 1 Liter über den Tag verteilt trinken. Das Durstempfinden ist bei Kindern jedoch oft zu schwach ausgeprägt.
Erinnern Sie Ihr Kind tagsüber stündlich daran, etwas Wasser zu trinken und trinken Sie selber auch etwas, so lernt Ihr Kind schnell genug zu trinken.

Leitungswasser ist in der Regel auch für Kinder geeignet. Es gibt jedoch Ausnahmen, wenn z.B. die Werte von Nitrat und Nitrit erhöht sind. Wie es um Ihre Wasserqualität bestellt ist, erfahren Sie bei Ihrem Wasserwerk.

Bei Bleirohren im Haus darf Leitungswasser für Kinder nicht als Getränk bzw. zur Zubereitung von Tee oder Babynahrung verwendet werden. Kupferrohre sind dann problematisch, wenn diese jünger als 2 Jahre alt sind oder in Ihrer Region das Leitungswasser einen pH-Wert unter 7 hat.

Wassertest

Die Stiftung Warentest bietet für jeden eine Trinkwasseranalyse an.
www.test.de/analyse-trinkwasser

Wasserfilter

Diese enthalten oft viele Keime und können sogar Aktivkohlestaub und Silber ins Wasser spülen.
Die deutsche Gesellschaft für Kinderheilkunde empfiehlt auf jede Art von Wasserfilter zu verzichten.

Trinkwasser abkochen

Dazu gibt es keine klare Empfehlung. Ich persönlich denke, dass abkochen nicht allzu viel Arbeit macht, aber Sicherheit gibt.
Wenn Sie das Wasser nicht abkochen, ist es wichtig, abgestandenes Wasser in der Leitung immer erst ablaufen zu lassen und nur das kühle, frische Wasser zu verwenden.

Mineralwasser

Verwenden Sie nur Mineralwasser mit der Aufschrift „natriumarm" vorzugsweise ohne Kohlensäure.
Mein Tipp für Unterwegs:
Die beiden Produkte Volvic und Evian sind sehr gut geeignet und meist europaweit verfügbar.

Früchtetee

Bitte lassen sie den Tee nicht länger als 15 – 20 Sekunden ziehen. Bei längeren Zeiten wird der Tee zu säurehaltig und kann die Zähne angreifen. Bitte nicht süßen.

Fruchtschorle

Bei einer Verdünnung von
20 ml Saft auf 80 ml Wasser ist eine Zahnschädigung unwahrscheinlich. Bitte nehmen Sie nur 100%igen Saft in „bio" Qualität.

! Spezielle Säfte für Babys, instant Tee (löslicher Pulvertee), Eistee, Limonaden etc. sind überflüssig und können den Zähnen schaden.

! Verzichten Sie unbedingt auf aromatisierten Früchtetee.
Sie erkennen diesen an einem intensiven Geruch und dem Hinweis auf Aromen in der Zutatenliste.

! Kräutertee wie z.B. Anis, Fenchel und Kümmel sind hervorragende Hilfsmittel bei verschiedenen Beschwerden. Als Dauergetränk ist er auf Grund verschiedener Inhaltsstoffe nicht geeignet. Pfefferminztee sollte Ihr Kind erst ab 3 Jahre erhalten.

Babys erstes Ma(h)l

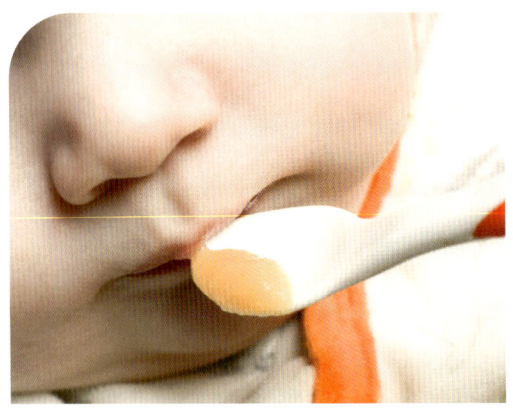

Ein relativ flüssiger Brei aus nur einer Zutat ist am besten geeignet, weil er am leichtesten zu bewältigen und zu verdauen ist.

Anfangs müssen sich Babys an das Gefühl von festerer Nahrung erst gewöhnen und müssen lernen, Nahrung von vorn nach hinten zu schieben und zu schlucken.

Wenn Sie das Gefühl haben, dass der richtige Zeitpunkt für Beikost da ist, sollten Sie mit einem Gemüsebrei aus nur einer Zutat beginnen.

Bei Babys mit einem empfindlichen Magen-Darm-Trakt, empfehle ich auf faserhaltige Gemüse, wie Pastinake und Karotten Anfangs zu verzichten und Kürbis oder Zucchini je nach Jahreszeit zu wählen.

Üben Sie mehrmals täglich mit etwas Gemüsebrei-pur (4-6 Teelöffel) das Essen mit dem Löffel.

Auch wenn es zuerst so aussieht, als ob dem Baby das Gemüse nicht schmeckt, müssen Sie nicht gleich zu einer anderen Sorte greifen. Bleiben Sie bei Ihrer Wahl und geben Sie Ihrem Baby genug Zeit, um „essen" zu lernen.

Ihr Baby erhält weiterhin so viel Muttermilch bzw. Anfangsmilch wie es mag.

Als erste Beikost ist auch Reisbrei geeignet.

ZUCCHINI PUR

ab 5 Monate

1|

1 mittelgroße Zucchini (150 g) waschen, schälen, große Kerne entfernen und anschließend in kleine Würfel schneiden.

2|

In etwa 75 ml Wasser bei geschlossenem Deckel 2 – 3 Minuten auf mittlerer Stufe weich kochen.

3|

Dann alles in ein hohes Gefäß geben – auch das Kochwasser!
Pürieren Sie alles sehr fein.

Zucchini eignen sich besonders gut, wenn Sie im Frühjahr oder Sommer mit Beikost beginnen.
Zucchini sind besonders mild und leicht verdaulich.

Vorratshaltung

Für die Vorratshaltung, sofort nach der Zubereitung in eine luftdichte Dose/Glas füllen.
Im Kühlschrank aufbewahren und innerhalb von 3 Tagen verbrauchen.

Vor dem Essen die gewünschte Menge im Wasserbad erwärmen.
Reste nicht noch mal aufwärmen.

Das Kochwasser enthält wichtige Vitamine und sorgt für die richtige Konsistenz des Breis.

Vor dem Schälen sollten Sie jedes Gemüse waschen. So verhindern Sie, dass Schadstoffe auf das geschälte Gemüse gelangen.

KÜRBIS PUR

ab 5 Monate

1|

Hokkaido Kürbis mit lauwarmen Wasser waschen, entkernen und in kleine Würfel schneiden.

Hokkaido Kürbis kann mit Schale verarbeitet werden, andere Kürbissorten müssen jedoch geschält werden. Kürbis eignet sich besonders gut, wenn Sie die erste Beikost im Herbst einführen.

2|

Mit wenig Wasser bedecken und zugedeckt in 3 – 5 Minuten weich kochen.

3|

Anschließend zusammen mit dem Kochwasser sehr fein pürieren.

Auf 200g Kürbis geben Sie etwa 100 ml Wasser.

Kürbis eignet sich sehr gut zum Einfrieren. Gießen Sie das Kürbispüree in einen Eiswürfelbehälter und frieren es bei minus 18 °C ein. Zum Schutz vor Gefrierbrand sollten Sie die fertigen Würfel in eine Gefriertüte geben.

Erwärmen im Wasserbad

Geben Sie die gewünschte Menge Gemüsebrei oder tiefgefrorene Gemüsewürfel in eine Tasse und stellen diese in einen mit Wasser gefüllten Kessel. Das Wasser auf etwa 60 °C erwärmen. Bitte ab und zu umrühren. Auch vor dem Essen muss noch einmal umgerührt werden, damit sich die Wärme gut verteilt. Nicht vergessen: Temperatur prüfen!

Essen für Babys darf nicht zweimal aufgewärmt werden und nicht länger als eine halbe Stunde im Wasserbad stehen.

PASTINAKE ODER MÖHRE PUR

ab 5 Monate

1|
Möhre bzw. Pastinake waschen, schälen, die Enden abschneiden und in kleine Würfel schneiden.

2|
200g Möhre bzw. Pastinake bei geschlossenem Deckel 7 – 10 Minuten auf mittlerer Stufe in etwa 100 ml Wasser weich kochen.

3|
Anschließend zusammen mit dem Kochwasser sehr fein pürieren.

Vorratshaltung, wie bei Zucchini auf Seite 25 oder wie bei Kürbis auf Seite 26 beschrieben einfrieren.

Sollte Ihr Baby eine empfindliche Haut haben, so verwenden Sie besser Pastinake. Genau wie Möhre schmeckt Pastinake süß.

Babys Verdauung

Mit der ersten Beikost kann sich die Verdauung Ihres Babys verändern. Falls Ihr Baby Verstopfung bekommt, lesen Sie bitte auf Seite 89, was Sie tun können. Je nachdem welches Gemüse Ihr Baby isst, kann sich die Farbe des Stuhlgangs verändern. Auch der Geruch wird sich verändern. Machen Sie sich deswegen keine Sorgen, solange Ihr Baby keine Bauchschmerzen hat, ist alles in Ordnung.

Ist der Brei zu flüssig?

Je nachdem, wie viel Wasser das Gemüse enthält, kann es sein, dass der Brei zu flüssig wird. Geben Sie dann etwas „bio" Getreidebrei Reisbrei (Reisschleim) bis zur gewünschten Konsistenz dazu. Mehr zu Reisbrei auf Seite 44.

Gemüse-Kartoffelbrei

Der Gemüse-Kartoffelbrei ist die **erste Hauptmahlzeit** im ersten Jahr.

Wenn Ihr Baby gerne mit dem Löffel isst und Sie schon einige Zeit mit Gemüse-pur geübt haben, ist es an der Zeit, Babys Speiseplan um Kartoffeln, Saft und Öl zu erweitern.

Schritt für Schritt

Erweitern Sie Babys Speiseplan nur langsam. Probieren Sie neue Lebensmittel nur einzeln aus, denn nur so können Sie feststellen, ob es Ihrem Baby bekommt. 1 - 2 neue Lebensmittel pro Woche reichen aus.

Sekundäre Pflanzenstoffe

spielen bei der Gesundheitsvorsorge eine überaus wichtige Rolle! Sie helfen dabei, Bakterien und Viren abzuwehren. Damit Ihr Kind möglichst alle Pflanzenstoffe bekommt, sollten Sie Gemüsesorten, die Ihr Baby bereits kennen gelernt hat, nach dem Ampelprinzip regelmäßig abwechseln.

Beispielfotos: Bitte beachten Sie die Angaben zum Alter bei den Rezepten.

Babys Appetit

Seien Sie nicht enttäuscht, wenn Ihr Baby nur wenig essen möchte oder es noch nicht schmeckt. Der Appetit von Babys ist sehr unterschiedlich.

Bedenken Sie auch, dass Babys nicht jeden Tag gleich viel Hunger haben; die Mengen können je nach Tagesform variieren. Hungrige Babys können bis zu 300 g Gemüse-Kartoffelbrei essen. Auf Muttermilch bzw. Anfangsmilch kann Ihr Baby erst verzichten, wenn es circa 150 g Gemüse-Kartoffelbrei isst.

Eisenversorgung

Fügen Sie ab etwa 7 Monate eisenhaltige Lebensmittel wie Mandelmus, Hafer oder Fleisch zu. Fleisch kann Ihr Baby 2 – 3-mal pro Woche erhalten. An den anderen Tagen sollte der Eisenbedarf mit Haferflocken oder Mandelmus gedeckt werden.

GRUNDREZEPT

ab 6 Monate

- 150 g Gemüse
- 75 g Kartoffeln
- 150 ml Wasser
- 1 Esslöffel Rapsöl
- 3 Esslöffel Saft*

1|

Gemüse und Kartoffeln waschen, schälen und in kleine Würfel schneiden.

2|

In Wasser zugedeckt circa 12 Minuten weich kochen.

3|

Dann alles in ein hohes Gefäß geben – auch das Kochwasser!

Rapsöl und Saft zugeben und fein pürieren.

Rezepte mit Angaben zum Alter ab Seite 32.

Vorratshaltung

Für die Vorratshaltung sofort nach der Zubereitung portionsweise in eine luftdichte Dose/Glas füllen.
Im Kühlschrank aufbewahren und innerhalb von 3 Tagen verbrauchen.

Vor dem Essen die gewünschte Menge im Wasserbad erwärmen. Reste nicht noch mal aufwärmen.

Bieten Sie ihrem Baby zum Essen auch etwas zu trinken an.

*Saft
Ich empfehle 100%igen naturtrüben Apfelsaft oder Orangensaft frisch gepresst.

Gemüse-Getreidebrei

Auch wenn nach dem Gemüse meist als nächste Zutat die Kartoffel empfohlen wird, möchte ich trotzdem die Möglichkeit vorstellen, das Gemüse anstatt mit Kartoffeln um Getreide zu ergänzen.

Ein Gemüse-Getreidebrei schmeckt sehr mild und ist leicht verdaulich. In vielen Kulturen ist es üblich als erste Beikost Getreidebrei zu wählen.

Als Getreide empfehle ich instant Getreidebrei, Reismehl oder Minuten-Polenta. Diese Getreidesorten sind leicht verdaulich und mild im Geschmack. Mit vollwertigem Getreide wäre Ihr Baby jetzt noch überfordert. Tipps zum Einkauf von instant Getreidebrei erhalten Sie auf Seite 44.

Apfelsaft liefert zusätzlich Vitamin C und Rapsöl sorgt für die nötige Energiezufuhr und liefert Omega-3-Fettsäuren für die Gehirnentwicklung.

PASTINAKEN-REISBREI

ab 6 Monate

- ☑ 12 Stunden im Kühlschrank haltbar
- ☑ stuhlfestigend
- ☑ glutenfrei

- ■ 1- 2 Pastinaken (150 g)
- ■ 100 ml Wasser
- ■ 2 - 3 Esslöffel Getreidebrei Reis (20 g)
- ■ 5 Esslöffel Apfelsaft
- ■ 1 Esslöffel Rapsöl

Pastinaken, wie auf Seite 27 beschrieben, zubereiten.

Etwa 4 Esslöffel Apfelsaft zugeben.

2 - 3 Esslöffel instant Getreidebrei Reisflocken und 1 Esslöffel Rapsöl unterrühren.

Anstatt Pastinaken können Sie auch Möhren verwenden.

ZUCCHINI-POLENTA

ab 6 Monate

- ☑ 1 - 2 Tage im Kühlschrank haltbar
- ☑ stuhlnormalisierend
- ☑ glutenfrei

- 150 ml Wasser
- 2 - 3 Esslöffel Polenta (20 g)*
- 1 kleine Zucchini (150 g)
- 5 Esslöffel Apfelsaft
- 1 Esslöffel Rapsöl

Zucchini waschen, die Enden abschneiden und in Würfel schneiden. Wasser, Zucchini und Polenta in einen Kessel geben und unter ständigem Rühren etwa 3 - 5 kochen lassen. Eventuell noch etwas Wasser zugeben.

Dann vom Herd nehmen und etwa 10 Minuten quellen lassen. Rapsöl und Saft zugeben und fein pürieren.

Je nach „Sorte" kann die Garzeit abweichen. Bitte beachten Sie die Angaben des Herstellers.

FENCHEL-REISBREI

ab 6 Monate

- ☑ 1 - 2 Tage im Kühlschrank haltbar
- ☑ stuhlnormalisierend
- ☑ glutenfrei

- 1 kleine Fenchelknolle
- etwa 150 ml Wasser
- 1 - 2 Esslöffel Reismehl
- 5 Esslöffel Apfelsaft
- 1 Esslöffel Rapsöl

Fenchel waschen, Strunk, "Grünzeug" und alle unschönen Stellen entfernen.
Dann in Wasser etwa 10 Minuten weich dünsten.

In der Zwischenzeit das Reismehl mit etwas Wasser glatt rühren und zum Gemüse geben, kurz aufkochen und etwa 10 Minuten nachquellen lassen.
Rapsöl und Saft zugeben und fein pürieren.

Reismehl erhalten Sie z.B. von Bauckhof Demeter im Reformhaus. Sie können jedoch auch Reis selber mahlen oder im Reformhaus mahlen lassen.

ZUCCHINI MIT KARTOFFEL

ab 6 Monate

- ☑ 2 - 3 Tage im Kühlschrank haltbar
- ☑ stuhlnormalisierend
- ☑ glutenfrei

- ■ 1 mittelgroße Zucchini (200 g)
- ■ 1 - 3 Kartoffeln (100 g)
- ■ 100 ml Wasser
- ■ 2 Esslöffel Rapsöl
- ■ 6 Esslöffel Apfelsaft

Zucchini, waschen, schälen, große Kerne entfernen und in kleine Würfel schneiden.

Kartoffeln waschen, schälen und würfeln. In Wasser etwa 10 Minuten zugedeckt weich kochen.

Dann die gewürfelten Zucchini zugeben. Alles zusammen etwa 2 Minuten zugedeckt weiter kochen.

Rapsöl und Saft zugeben und fein pürieren.

KÜRBIS MIT KARTOFFEL

ab 6 Monate

- ☑ 2 - 3 Tage im Kühlschrank haltbar
- ☑ stuhlnormalisierend
- ☑ glutenfrei

- ■ 6 tiefgefrorene Würfel Kürbispüree
- ■ 1 Kartoffel (50 g)
- ■ 120 ml Wasser
- ■ 1 Esslöffel Rapsöl
- ■ 3 Esslöffel Apfelsaft

Kartoffel waschen, schälen und würfeln. In Wasser etwa 12 Minuten zugedeckt weich kochen.

Vom Herd nehmen und die noch tiefgefrorenen Würfel Kürbispüree (100 g) zugeben, unterrühren und etwa 5 Minuten warten.

Rapsöl und Saft zugeben und fein pürieren.

BROKKOLI MIT KARTOFFEL

ab 7 Monate

- ☑ 2 - 3 Tage im Kühlschrank haltbar
- ☑ stuhlauflockernd
- ☑ glutenfrei

- ■ 1 Bund Brokkoli (400 g)
- ■ 3 – 4 Kartoffeln (200 g)
- ■ 250 ml Wasser
- ■ 3 Esslöffel Rapsöl
- ■ 9 Esslöffel Apfelsaft

Kartoffeln waschen, schälen und würfeln. Brokkoli waschen, putzen, Stiele entfernen und die Röschen teilen.

Kartoffeln und Brokkoli-Röschen in Wasser etwa 13 Minuten zugedeckt weich kochen.

Rapsöl und Saft zugeben und fein pürieren.

BLUMENKOHL MIT KARTOFFEL

ab 7 Monate

- ☑ 2 - 3 Tage im Kühlschrank haltbar
- ☑ stuhlauflockernd
- ☑ glutenfrei

- ■ 3 tiefgefrorene Blumenkohl-Röschen
- ■ 1 Kartoffel (50 g)
- ■ 120 ml Wasser
- ■ 1 Esslöffel Rapsöl
- ■ 3 Esslöffel Apfelsaft

Kartoffel waschen, schälen und würfeln. In Wasser etwa 7 Minuten zugedeckt kochen.

Dann die noch tiefgefrorenen Blumenkohl-Röschen (100 g) zugeben. Alles zusammen etwa 5 Minuten zugedeckt weiter kochen.

Rapsöl und Saft zugeben und fein pürieren.

ZUCCHINI MIT MANDEL

ab 6 Monate

- ☑ 2 - 3 Tage im Kühlschrank haltbar
- ☑ stuhlnormalisierend
- ☑ glutenfrei
- ☑ eisenreich

- ◼ 1 Zucchini (200 g)
- ◼ 2 Kartoffeln (100 g)
- ◼ 100 ml Wasser
- ◼ 1 Teelöffel weißes Mandelmus
- ◼ 2 Esslöffel Rapsöl
- ◼ 6 Esslöffel Apfelsaft

Zucchini mit lauwarmem Wasser waschen, große Kerne entfernen und in kleine Würfel schneiden.

Kartoffeln waschen, schälen und würfeln. In Wasser etwa 10 Minuten zugedeckt kochen.

Dann die gewürfelten Zucchini zugeben und alles zusammen 2 Minuten zugedeckt weiter kochen.

Rapsöl, Mandelmus und Saft zugeben und fein pürieren.

FENCHEL MIT MANDEL

ab 6 Monate

- ☑ 2 - 3 Tage im Kühlschrank haltbar
- ☑ stuhlnormalisierend
- ☑ glutenfrei
- ☑ eisenreich

- ◼ 1 Fenchelknolle (200 g)
- ◼ 1 - 2 Kartoffeln (100 g)
- ◼ 200 ml Wasser
- ◼ 1 Teelöffel weißes Mandelmus
- ◼ 2 Esslöffel Rapsöl
- ◼ 6 Esslöffel Apfelsaft

Kartoffeln waschen, schälen und würfeln.

Fenchel waschen, „Grünzeug" entfernen, alle unschönen Stellen entfernen und in kleine Würfel schneiden.

Kartoffeln und Fenchel in Wasser etwa 13 Minuten zugedeckt weich kochen.

Rapsöl, Mandelmus und Saft zugeben und fein pürieren.

BLUMENKOHL MIT HAFER

ab 7 Monate

- ☑ 2 - 3 Tage im Kühlschrank haltbar
- ☑ stuhlauflockernd
- ☑ glutenhaltig
- ☑ eisenreich

- 🟧 1 kleiner Blumenkohl (400 g)
- 🟧 3 – 4 Kartoffeln (200 g)
- 🟧 250 ml Wasser
- 🟧 3 Esslöffel Hafer Schmelzflocken
- 🟧 3 Esslöffel Rapsöl
- 🟧 9 Esslöffel Apfelsaft

Kartoffeln waschen, schälen und würfeln. Blumenkohl waschen, putzen, Stiele entfernen und die Röschen teilen. Zusammen in Wasser circa 13 Minuten zugedeckt weich kochen.

Dann die Schmelzflocken zugeben und 1 Minute unter Rühren weiter kochen.

Rapsöl und Saft zugeben und fein pürieren.

KÜRBIS MIT HAFER

ab 7 Monate

- ☑ 1 - 2 Tage im Kühlschrank haltbar
- ☑ stuhlnormalisierend
- ☑ glutenhaltig
- ☑ eisenreich

- 🟧 6 tiefgefrorene Würfel Kürbispüree
- 🟧 1 Kartoffel (50 g)
- 🟧 120 ml Wasser
- 🟧 1 Esslöffel Hafer Schmelzflocken
- 🟧 1 Esslöffel Rapsöl
- 🟧 3 Esslöffel Apfelsaft

Kartoffel waschen, schälen und würfeln. In Wasser etwa 12 Minuten zugedeckt weich kochen.

Dann die Schmelzflocken zugeben und 1 Minute unter Rühren weiter kochen.

Vom Herd nehmen und die noch tiefgefrorenen Würfel Kürbispüree (100 g) zugeben, unterrühren und etwa 5 Minuten warten.

Rapsöl und Saft zugeben und fein pürieren.

HIMMEL UND ERDE

ab 7 Monate

- ☑ 2 - 3 Tage im Kühlschrank haltbar
- ☑ stuhlauflockernd
- ☑ glutenfrei
- ☑ eisenreich

- ■ 1 Apfel (180 g)
- ■ 2 Kartoffeln (90 g)
- ■ 120 ml Wasser
- ■ 1 Teelöffel weißes Mandelmus
- ■ 1 Esslöffel Rapsöl
- ■ 3 Esslöffel Apfelsaft

Apfel mit lauwarmem Wasser waschen, Kerne entfernen und in kleine Würfel schneiden.

Kartoffeln waschen, schälen und würfeln. In Wasser etwa 10 Minuten zugedeckt kochen.

Dann den Apfel zugeben und zusammen 2 – 3 Minuten zugedeckt weiter kochen.

Rapsöl, Mandelmus und Saft zugeben und fein pürieren.

BROKKOLI MIT LAMM

ab 7 Monate

- ☑ 1 - 2 Tage im Kühlschrank haltbar
- ☑ stuhlauflockernd
- ☑ glutenfrei
- ☑ eisenreich

- ■ 5 tiefgefrorene Brokkoli-Röschen
- ■ 2 – 3 Kartoffeln (100 g)
- ■ 120 ml Wasser
- ■ 60 g Lammhackfleisch
- ■ 2 Esslöffel Rapsöl
- ■ 5 Esslöffel Apfelsaft

Kartoffeln waschen, schälen und würfeln. Zusammen mit dem Fleisch etwa 10 Minuten zugedeckt kochen.

Dann die noch tiefgefrorenen Brokkoli Röschen (100 g) zugeben und zusammen etwa 5 Minuten zugedeckt weiter kochen.

Rapsöl und Saft zugeben und fein pürieren.

PASTINAKE MIT PUTE

ab 6 Monate

- ☑ 1 - 2 Tage im Kühlschrank haltbar
- ☑ stuhlnormalisierend
- ☑ glutenfrei
- ☑ eisenreich

- 2 - 3 Pastinaken (200 g)
- 1 - 2 Kartoffeln (100 g)
- 150 ml Wasser
- 60 g Putenbrustfilet
- 2 Esslöffel Rapsöl
- 5 Esslöffel Apfelsaft

Kartoffeln waschen, schälen und würfeln.

Pastinaken waschen, schälen, die Enden abschneiden und in kleine Würfel schneiden.

Das Fleisch sehr fein schneiden.

Alles zusammen in Wasser circa 15 Minuten zugedeckt weich kochen.

Rapsöl und Saft zugeben und fein pürieren.

KÜRBIS MIT KALB

ab 6 Monate

- ☑ 1 - 2 Tage im Kühlschrank haltbar
- ☑ stuhlnormalisierend
- ☑ glutenfrei
- ☑ eisenreich

- 6 tiefgefrorene Würfel Kürbispüree
- 1 Kartoffel (50 g)
- 120 ml Wasser
- 30 g Kalbfleisch
- 1 Esslöffel Rapsöl
- 5 Esslöffel Apfelsaft

Kartoffel waschen, schälen und würfeln. Das Fleisch fein schneiden und zusammen mit der Kartoffel in Wasser etwa 15 Minuten zugedeckt weich kochen.

Vom Herd nehmen und die noch tiefgefrorenen Würfel Kürbispüree (100 g) zugeben, unterrühren und etwa 5 Minuten warten.

Rapsöl und Saft zugeben und fein pürieren.

Feine Stückchen

Etwa **ab 8 Monate** beginnen manche Babys mit den ersten Kauübungen und mögen schon jetzt feine Stückchen im Essen.

Andere Babys sind erst mit 14 Monaten bereit, feine Stückchen zu kauen und essen vorher am liebsten alles fein püriert.

Machen Sie sich deswegen keine Sorgen. Ihr Kind bekommt alles, was es braucht.

Wann Ihr Baby bereit ist für feine Stückchen, werden Sie von selber spüren.

Orangensaft
Anstatt Apfelsaft können Sie auch Orangensaft verwenden. Entweder frisch gepresst oder ein Direktsaft.
Bitte die Orangen vor dem Pressen gut waschen, damit keine Schadstoffe in den Saft gelangen.

BROKKOLI MIT HACKFLEISCH

ab 8 Monate

- ☑ Reste nicht aufwärmen
- ☑ stuhlauflockernd
- ☑ glutenfrei
- ☑ eisenreich

- 3 - 4 Brokkoli-Röschen (100 g)
- 1 Kartoffel (50 g)
- 150 ml Wasser
- 40 g mageres Rinderhackfleisch
- 1 Esslöffel Rapsöl
- 2 Esslöffel Apfelsaft

Kartoffel waschen, schälen und klein schneiden. Brokkoli waschen, putzen, Stiele entfernen und die Röschen teilen. Zusammen in Wasser etwa 15 Minuten zugedeckt weich kochen.

Rapsöl und Saft zugeben und fein pürieren.
Hackfleisch in einer kleinen Pfanne in wenig Öl krümelig gar braten und anschließend in den Gemüse-Kartoffelbrei einrühren.

KOHLRABI MIT HAFER

ab 8 Monate

- ☑ 2 - 3 Tage im Kühlschrank haltbar
- ☑ stuhlauflockernd
- ☑ glutenhaltig
- ☑ eisenreich

- ■ 1 Kohlrabi (200 g)
- ■ 2 Kartoffeln (100 g)
- ■ 250 ml Wasser
- ■ 2 Esslöffel Haferflocken
- ■ 2 Esslöffel Rapsöl
- ■ 6 Esslöffel Apfelsaft

Kohlrabi und Kartoffeln waschen und schälen. Die Kartoffeln in kleine Würfel schneiden. Gemüse grob geschnitten dazu geben und etwa 14 Minuten in Wasser zugedeckt weich kochen. Haferflocken zugeben und unter Rühren kurz aufkochen. Dann einige Stücke Kohlrabi entnehmen und mit der Gabel zerdrücken.

Apfelsaft und Rapsöl zugeben und fein pürieren.

Anschließend den zerdrückten Kohlrabi zum Brei geben.

SÜßKARTOFFEL MIT GURKE

ab 8 Monate

- ☑ 2 - 3 Tage im Kühlschrank haltbar
- ☑ stuhlnormalisierend
- ☑ glutenfrei
- ☑ eisenreich

- ■ 1 rote Süßkartoffel (200 g)
- ■ 150 ml Wasser
- ■ 1 Teelöffel Mandelmus
- ■ 1 Teelöffel Rapsöl
- ■ 3 Esslöffel Apfelsaft
- ■ 1 Stück Gurke

Süßkartoffel waschen, schälen und würfeln. In Wasser etwa 12 Minuten zugedeckt weich kochen.

Rapsöl, Mandelmus und Saft zugeben und fein pürieren.

Gurke waschen, schälen, entkernen und in sehr kleine Würfel schneiden. Anschließend unter den heißen Kartoffelbrei mischen.

Fisch und Leinöl

Etwa **ab 9 Monate** ist es sinnvoll, Babys Speiseplan um Fisch, Leinöl und frische Kräuter zu erweitern.

LCP sind besondere Fettsäuren, die in Seefisch und hochwertigen Pflanzenölen (z.B. Leinöl) enthalten sind. LCP ist wichtig für die Entwicklung des Gehirns und der Sehfähigkeit.

Kalt gepresste Öle enthalten von sich aus mehr Vitamine (A und E) als raffinierte Öle und sollten nun bevorzugt werden.

Haferflocken nicht gekocht
Ab etwa **10 Monate** ist Ihr Kind ist nun in der Lage, Haferflocken ungekocht zu verdauen. Die Haferflocken im Essen müssen also nicht mehr mit gekocht werden. Dadurch bleiben mehr Vitamine und Spurenelemente erhalten.

MÖHRE MIT LAMM

ab 9 Monate

- ☑ 1 - 2 Tage im Kühlschrank haltbar
- ☑ stuhlfestigend
- ☑ glutenfrei
- ☑ mit LCP

- 2 Möhren (200 g)
- 1 – 2 Kartoffeln (100 g)
- 200 ml Wasser
- 100 g Lammfleisch
- 2 Esslöffel Leinöl (z.B. von Alnatura)
- 5 Esslöffel Apfelsaft
- 1 Esslöffel Schnittlauch (10 g)

Möhren und Kartoffeln waschen, schälen und in kleine Würfel schneiden. Das Fleisch sehr fein schneiden und alles zusammen in Wasser circa 15 Minuten zugedeckt weich kochen.
Anschließend zerdrücken oder pürieren. Öl, Apfelsaft und fein gehacktes Schnittlauch zugeben und unterrühren.

„LCP" sind mehrfach ungesättigte Fette, die eine wichtige Rolle bei der Gehirnentwicklung spielen.

KOHLRABI MIT FISCH

ab 9 Monate

- ☑ Reste nicht aufwärmen
- ☑ stuhlnormalisierend
- ☑ glutenfrei
- ☑ mit LCP

- ⬛ ¼ Kohlrabi (100 g)
- ⬛ 1 Kartoffeln (50 g)
- ⬛ 150 ml Wasser
- ⬛ 50 g Lachsfilet (ohne Gräten)
- ⬛ 2 Teelöffel natives Olivenöl
- ⬛ 2 Esslöffel Apfelsaft
- ⬛ 1 Teelöffel Petersilie (5 g)

Kohlrabi und Kartoffeln waschen, schälen, in kleine Würfel schneiden und in Wasser circa 5 Minuten zugedeckt kochen.
Dann den Lachs zugeben und etwa 10 Minuten weiter kochen. Anschließend zerdrücken oder pürieren.
Öl, Apfelsaft und fein gehackte Petersilie zugeben und unterrühren.

Mein Tipp; bei Rewe erhalten Sie tiefgekühlten „bio" Lachs.

BLATTSPINAT MIT HAFERFLOCKEN

ab 10 Monate

- ☑ Reste nicht aufwärmen
- ☑ stuhlauflockernd
- ☑ glutenhaltig
- ☑ mit LCP

- ⬛ 100 g tiefgekühlter Blattspinat
- ⬛ 1 Kartoffel (50 g)
- ⬛ 150 ml Wasser
- ⬛ 2 Esslöffel zarte Haferflocken
- ⬛ 1 Teelöffel Leinöl (z.B. von Alnatura)
- ⬛ 1 Teelöffel natives Olivenöl
- ⬛ 2 Esslöffel Apfelsaft

Kartoffel waschen, schälen und klein schneiden. In Wasser etwa 7 Minuten zugedeckt kochen.

Dann den Spinat zugeben und etwa 5 Minuten zugedeckt weiter kochen. Anschließend zerdrücken oder pürieren.

Haferflocken, Öl und Apfelsaft zugeben und unterrühren.

BUCHSTABENSUPPE

ab 10 Monate

- ☑ 1 Tag im Kühlschrank haltbar
- ☑ glutenfrei

- 🟧 1 mittlere Möhre oder Pastinake
- 🟧 1 – 2 Kartoffeln
- 🟧 200 ml Wasser
- 🟧 3 Esslöffel Buchstabennudeln
- 🟧 1 Teelöffel Mandelmus
- 🟧 1 Esslöffel Tomatenmark
- 🟧 1 Esslöffel Sahne

Kartoffeln und Möhren waschen, schälen und grob reiben.

In Wasser etwa 7 Minuten zugedeckt kochen. Dann die Nudeln zugeben und weich kochen. Ab und zu rühren. Eventuell noch Wasser zu geben.

Zum Schluss Tomatenmark, Mandelmus/ Olivenöl und Sahne dazugeben.

ERBSEN MIT FISCH

ab 10 Monate

- ☑ Reste nicht aufwärmen
- ☑ glutenfrei

- 🟧 1 – 2 Kartoffeln
- 🟧 80 g Kabeljaufilet
- 🟧 5 Esslöffel tiefgekühlte Erbsen
- 🟧 1 Teelöffel Leinöl
- 🟧 Wenig Zitronensaft

Kartoffel waschen, schälen und würfeln. In einen kleinen Kessel geben und Wasser zugeben.

Kabeljaufilet mit wenig Zitronensaft beträufeln und auf die Kartoffeln legen. Etwa 10 Minuten zugedeckt kochen, dann Erbsen zugeben und 5 Minuten zugedeckt weiter kochen. Nach dem Garen den Fisch entnehmen.

Kartoffeln und Erbsen mit Olivenöl zerdrücken. Fisch auf Gräten kontrollieren und klein geschnitten dazu geben.

MÖHRENPOLENTA

ab 10 Monate

- ☑ 1 - 2 Tage im Kühlschrank haltbar
- ☑ glutenhaltig

- 🟧 1 mittlere Möhre
- 🟧 3 Esslöffel (Maisgrieß) Polenta*
- 🟧 200 ml Wasser
- 🟧 1 Teelöffel natives Rapsöl
- 🟧 1 Esslöffel Sahne
- 🟧 1 Esslöffel Haferflocken
- 🟧 1 Esslöffel Orangensaft

Die Möhre waschen, schälen und raspeln. In einem kleinen Topf das Rapsöl erhitzen und die Möhre darin andünsten. Wasser dazu gießen und die Polenta einrühren.

Zugedeckt bei schwacher Hitze ca. 5 Min. köcheln lassen, dabei öfters umrühren. Zum Schluss Haferflocken, Sahne und O-Saft unterrühren.

Bitte nur Orangensaft 100% oder frisch gepresst verwenden.
*Je nach „Sorte" kann die Garzeit abweichen. Bitte beachten Sie die Angaben des Herstellers.

AVOCADO MIT HACKBÄLLCHEN

ab 10 Monate

- ☑ Reste nicht aufwärmen
- ☑ glutenfrei

- 🟧 ½ reife Avocado
- 🟧 1 - 2 Kartoffeln
- 🟧 200 ml Wasser
- 🟧 80 g Rinderhackfleisch
- 🟧 1 Esslöffel Mehl
- 🟧 Schnittlauch

Kartoffeln waschen, schälen und würfeln. Hackfleisch mit Mehl, Salz und etwas klein gehacktem Schnittlauch vermischen. Zu kleinen Bällchen formen.
Die Kartoffeln zusammen mit den Hackfleischbällchen in Wasser etwa 15 Minuten zugedeckt kochen.
Nach dem Garen die Hackbällchen entnehmen.
Avocado waschen, entkernen und schälen. Zu den Kartoffeln geben und fein zerdrücken oder pürieren.

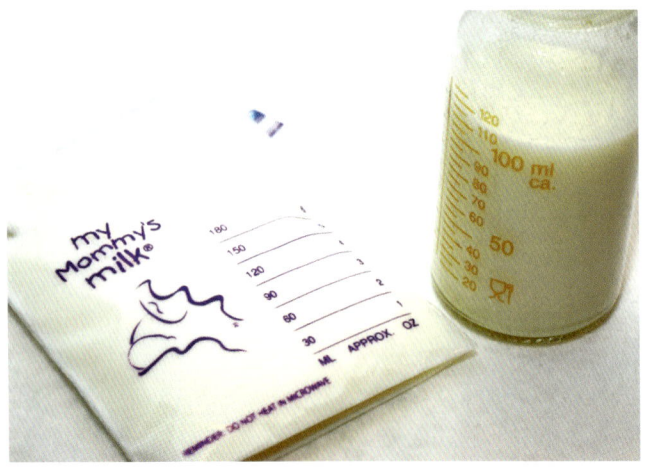

Milch-Getreidebrei

Der Milch-Getreidebrei ist die **zweite Hauptmahlzeit** im ersten Jahr und besteht aus Milch und Getreide.

Besonders babygerecht ist es, den ersten Milchbrei aus Muttermilch (Fencheltee) bzw. Anfangsmilch und leicht verdaulichen instant Getreidebrei herzustellen. Dieses Getreide ist bereits aufgeschlossen und muss nicht gekocht werden, sondern es löst sich in warmer Flüsigkeit.

Alnatura Reisschleim, Milupa Reisbrei, Hipp Reisflocken und Holle Reisflocken sind besonders mild, da das Getreide geschält ist und somit leicht verdaulich ist.
Damit Ihr Baby sich langsam an Getreide gewöhnt, sind diese Breie zu Beginn besonders gut geeignet.
Später sollten Sie Vollkornbrei verwenden.

Instant Getreidebrei kann für Milchbrei und Obst-Getreidebrei verwendet werden. Sie erhalten ihn z.B. von:

✓ **Alnatura**
Bio Naturreisflocken Reisschleim
Bio Hirse Getreidebrei
Bio Dinkel Getreidebrei
✓ **babydream**
Bio Dinkel Vollkornbrei
Bio Hirse Vollkornbrei
✓ **babyLove**
bio Getreidebrei Hirse
✓ **Hipp**
Bio Getreidebrei Reisflocken
Bio Getreide feine Hirse
✓ **Holle**
Bio Babybrei Reisflocken
Bio Babybrei Dinkel
Bio Babybrei Hirse
Bio Babybrei Hafer
✓ **Milupa**
Getreidebrei Bio zarte Reisflocken
Getreidebrei Bio Haferflocken
Getreidebrei Bio Dinkelflocken

MILCHFREIER REISBREI

ab 5 Monate

☑ glutenfrei

■ 160 ml Baby Fencheltee
■ 5 - 7 EL instant Getreidebrei Reis
■ 1 Esslöffel Rapsöl

Teebeutel mit kochendem Wasser
übergießen und 2 Minuten ziehen lassen.
Teebeutel entfernen und auf circa 45° C
abkühlen lassen.
Getreidebrei und Rapsöl mit einem
Schneebesen unterrühren.
Bitte nicht süßen!

*Besonders geeignet für Mamas, die
stillen und nicht abpumpen möchten,
aber auch auf Babynahrung
verzichten möchten.*
*Ihr Kind erhält durch den milchfreien
Getreidebrei sättigende Kohlehydrate
und beim Stillen alles Weitere.*

Reisbrei ist als erste Beikost eine
gute Alternative zu Gemüse. Weltweit
gesehen erhalten die meisten Babys
als erste Beikost einen Getreidebrei.

ERSTER MILCHBREI

ab 7 Monate

☑ glutenfrei

■ 160 ml Muttermilch / Anfangsmilch
■ 5 - 7 EL instant Getreidebrei Reis

Lauwarme Muttermilch bzw.
Anfangsmilch in einen Teller geben und
den instant Getreidebrei Reis mit einem
Schneebesen einrühren.

Bitte nicht süßen!

*Nach der Eingewöhnung von etwa 2
Wochen können Sie auch andere
Sorten Instantbrei wie Hirse, Dinkel
und Hafer verwenden.*

Vollmilchbrei

Vollmilchbrei kann aus **frischem Getreide** und Vollmilch 3,5 % - 3,8 % oder Muttermilch hergestellt werden.

Eine Portion Milchbrei aus Vollmilch ist die ideale Menge. Die Nieren des Kindes sind noch nicht voll ausgereift und sollten nicht unnötig mit zu viel Milch belastet werden.

Unter **Getreideflocken** versteht man gepresste Getreidekörner, die einfach nur als Flocken bezeichnet werden. Sie können aus allen Getreidearten hergestellt werden. Getreideflocken können Sie bereits haltbar gemacht von verschiedenen Firmen kaufen. Am bekanntesten sind sicherlich Haferflocken. Aber auch Dinkelflocken und Hirseflocken sind sehr beliebt. Getreidekörner können Sie in vielen Bioläden und Reformhäusern auch frisch "flocken" lassen. Der Vorteil ist, dass noch mehr Vitamine enthalten sind. Der Nachteil ist, dass frische Getreideflocken nur etwa 2 Wochen haltbar sind.

Je nachdem, wie stark die Körner gepresst wurden, bezeichnet man die "Getreideflocken" als zart, blütenzart, Zartblatt, Schmelzflocken, Feinblatt, körnig oder Grobblatt. Für Kinder empfehle ich nur zarte, schmelzende oder feine Getreideflocken zu verwenden.

Getreideflocken müssen für Babys Brei bis zum Alter von etwa 10 Monaten gekocht werden. Dadurch wird das Getreide aufgeschlossen und kann vom Baby verdaut werden.

Besonders gut geeignet sind

✓ Kölln Schmelzflocken
✓ Alnatura Hafer Schmelzflocken
✓ zarte (blütenzarte) bio Haferflocken verschiedener Hersteller
✓ Alnatura Dinkelflocken (Kleinblatt)
✓ Demeter Dinkelflocken Zartblatt

FEINER HAFERBREI

ab 7 Monate

- 🟧 100 ml Vollmilch oder Muttermilch
- 🟧 100 ml Wasser
- 🟧 3 Esslöffel Hafer Schmelzflocken
- 🟧 ½ Apfel
- 🟧 1 Teelöffel Rapsöl
- 🟧 2 Esslöffel Apfelsaft

Apfel waschen, schälen und fein reiben.

Milch und Wasser in einen Kessel geben.

Schmelzflocken und geriebener Apfel zugeben.

Unter Rühren aufkochen und etwa 1 Minute unter ständigem Rühren weiter kochen.

Vom Herd nehmen und 5 - 10 Minuten quellen lassen. Ab und zu umrühren.

Rapsöl und Apfelsaft zu geben und eventuell pürieren.

ERSTER GRIEßBREI

ab 7 Monate

- 🟧 100 ml Vollmilch oder Muttermilch
- 🟧 100 ml Wasser
- 🟧 2 Esslöffel Polenta (Maisgrieß)
- 🟧 ½ Apfel
- 🟧 1 Teelöffel Rapsöl
- 🟧 2 Esslöffel Apfelsaft

Apfel waschen, schälen und fein reiben.

Milch und Wasser in einen Kessel geben. Polenta und geriebenen Apfel zugeben.

Unter Rühren aufkochen und etwa 1 Minute unter ständigem Rühren weiter kochen. Vom Herd nehmen und 5 - 10 Minuten quellen lassen. Ab und zu umrühren.*

Rapsöl und Apfelsaft zu geben und eventuell pürieren.

*Je nach „Sorte" kann die Garzeit abweichen. Bitte beachten Sie die Angaben des Herstellers.

HAFERBREI

ab 8 Monate

- ☑ 1 Tag im Kühlschrank haltbar
- ☑ glutenhaltig

- ■ 170 ml Vollmilch oder Muttermilch
- ■ 3 Esslöffel zarte Haferflocken
- ■ 4 Esslöffel Apfelsaft

Milch in einen Kessel geben und Haferflocken zugeben.

Unter Rühren aufkochen und etwa 3 Minuten unter ständigem Rühren weiter kochen.

Vom Herd nehmen und den Apfelsaft zugeben.

Dann 5 - 10 Minuten quellen lassen. Ab und zu rühren, damit sich keine Haut bildet.

DINKEL-VOLLKORNBREI

ab 8 Monate

- ☑ 1 Tag im Kühlschrank haltbar
- ☑ glutenhaltig

- ■ 200 ml Vollmilch oder Muttermilch
- ■ 3 Esslöffel Dinkelflocken
- ■ 3 Esslöffel fein geriebene Birne

Dinkelflocken in die Milch einrühren und unter Rühren aufkochen und etwa 3 Minuten unter ständigem Rühren weiter kochen.

Dann vom Herd nehmen und etwa 5 Minuten quellen lassen. Ab und zu rühren, damit sich keine Haut bildet.

Birne waschen, schälen, fein reiben und nach dem Abkühlen zugeben.

MILCHREIS

ab 8 Monate

☑ 1 – 2 Tage im Kühlschrank haltbar
☑ glutenfrei

🟧 200 ml Vollmilch oder Muttermilch
🟧 3 Esslöffel Milchreis (50 g)
🟧 1 Stück Banane (30 g)
🟧 4 Esslöffel Apfelsaft

Milchreis in die Milch geben und unter ständigem Rühren circa 2 Minuten kochen.

Danach auf sehr kleiner Stufe etwa 15 Minuten köcheln lassen, dabei ab und zu rühren.

Ein Stück Banane mit der Gabel zerdrücken. Apfelsaft und zerdrückte Banane zum Milchreis geben und verrühren.

Bei Bedarf eventuell pürieren.

Schmeckt auch kalt.

GRIEßBREI

ab 8 Monate

☑ 1 – 2 Tage im Kühlschrank haltbar
☑ glutenhaltig

🟧 200 ml Vollmilch oder Muttermilch
🟧 20 g weich Weichweizengrieß (3 TL)
🟧 1 Stück Banane (30 g)
🟧 4 Esslöffel Apfelsaft

Weichweizengrieß in die Milch rühren und unter ständigem Rühren circa 2 Minuten kochen.

Dann vom Herd nehmen und noch etwa 5 Minuten quellen lassen. Ab und zu rühren, damit sich keine Haut bildet.

Ein Stück Banane mit der Gabel zerdrücken und zusammen mit dem Saft unter den Grießbrei rühren.

APFELMUS

Etwa **ab ~6 Monate** kann Ihr Baby einige Teelöffel gekochtes Apfelmus als Nachtisch oder Zwischenmahlzeit erhalten. Ihr Baby kann sich so langsam an Obst gewöhnen, bevor es frisches Obst erhält.

3 (rote) Äpfel waschen, schälen, vierteln, entkernen und klein schneiden.
Mit 150 ml Wasser aufkochen, bei mittlerer Hitze zugedeckt etwa 5 Minuten ziehen lassen, bis die Äpfel zerfallen. Anschließend fein pürieren.

Apfelmus pur eignet sich gut zum Einfrieren. Gießen Sie das Apfelmus in einen Eiswürfelbehälter und frieren es bei minus 18 °C ein. Zum Schutz vor Gefrierbrand sollten Sie das gefrorene Apfelmus in eine Gefriertüte geben. Apfelmus kann bis zu 3 Monaten bei minus 18 °C eingefroren bleiben.

Entnehmen Sie 1 – 2 Stunden vor dem Essen die gewünschte Menge Apfelmus und lassen ihn bei Zimmertemperatur auftauen.

FRISCHES OBST

Etwa **ab 7-8 Monate** ist Ihr Baby so weit, die erste ungekochte Kost zu verdauen.

Einige Löffel frisches Obst pur als Nachtisch oder als Vitaminzugabe im Vollmilchbrei führen das Baby langsam an die nächste Mahlzeit heran.

Das Obst sollte zunächst geschält werden, damit das Obstmus bekömmlicher ist.

Anfangs sind Birne, Apfel und Banane geeignet.

Wichtig!
Verwenden Sie nur den mittleren Teil der Banane. In den Enden können Keime enthalten sein, die Durchfall verursachen könnten.

Sie können das Obst pürieren, reiben oder mit einer Gabel zerdrücken.

Eine Glasreibe verhindert, dass das Obstmus sehr schnell braun wird.

Obst-Getreidebrei

Der milchfreie Obst-Getreidebrei ist die **dritte Hauptmahlzeit** im ersten Lebensjahr und wird meist nachmittags angeboten.

Neben frischem Obst besteht er aus Getreide, Öl, Saft und bei Bedarf Wasser. Am schnellsten ist der Obst-Getreidebrei mit einem Pürierstab zubereitet.

Wie beim Milchbrei ist auch hier leicht verdaulicher instant Getreidebrei am einfachsten in der Anwendung (siehe Seite 44). Aber auch frische, gekochte Vollkorngetreideflocken sind bestens geeignet.

Nach und nach können Sie weitere Obstsorten wie Aprikose, Mirabelle, Melone, Pflaume, Heidelbeere, Nektarine, und Pfirsich verwenden.

Da in der Schale wichtige Vitamine und Pflanzenstoffe enthalten sind, sollte das Obst ab etwa 9 Monate mit lauwarmem Wasser gewaschen werden und mit Schale (außer Banane, Pfirsich und Melone) verarbeitet werden.

Mein Tipp für Unterwegs:
Obst-Getreidebrei ist in einer luftdichten Dose bei Zimmertemperatur (21 °C) etwa 6 Stunden haltbar.
Eine eventuell auftretende braune Verfärbung bedeutet keinen Qualitätsverlust. Sehr praktisch ist im Sommer die Edelstahlbox für Beikost von Reer, diese ist zwar eigentlich als Warmhaltebox für Mittagessen gedacht, kühlt aber auch super.

APFEL MIT HAFER

ab 8 Monate

- ☑ 1 Tag im Kühlschrank haltbar
- ☑ stuhlfestigend
- ☑ glutenhaltig

- 🟧 1 Apfel
- 🟧 60 - 100 ml Apfelsaft
- 🟧 5 - 7 EL instant Getreidebrei Hafer
- 🟧 1 Teelöffel Rapsöl

Den Apfel mit lauwarmen Wasser waschen, entkernen und zusammen mit den weiteren Zutaten fein pürieren.

Apfel mit Schale ist besonders gut geeignet bei Durchfall.
Die Pektine unter der Schale mindern den Flüssigkeitsverlust.

Rote Äpfel enthalten mehr Vitamine als grüne Äpfel.

BIRNE IN REIS

ab 8 Monate

- ☑ 1 Tag im Kühlschrank haltbar
- ☑ stuhlnormalisierend
- ☑ glutenfrei

- 🟧 1 Birne
- 🟧 60 - 100 ml Apfelsaft
- 🟧 5 - 7 EL instant Getreidebrei Reis
- 🟧 1 Teelöffel weißes Mandelmus

Die Birne mit lauwarmen Wasser waschen, entkernen und zusammen mit den weiteren Zutaten fein pürieren.

Kalorienreich und ideal für zarte Babys.

MELONE IN DINKEL

ab 8 Monate

- ☑ 1 Tag im Kühlschrank haltbar
- ☑ stuhlnormalisierend
- ☑ glutenhaltig

- ■ Melone etwa 150 g
- ■ 5 - 7 EL instant Getreidebrei Dinkel
- ■ 50 ml Apfelsaft
- ■ 1 Teelöffel Rapsöl

Melone waschen, schälen, entkernen und dann gemeinsam mit den anderen Zutaten fein pürieren.

Dieses Rezept wurde mit Honigmelone zubereitet.
Andere Melonensorten sind ebenfalls geeignet.

HEIDELBEERE IN HIRSE

ab 8 Monate

- ☑ 1 Tag im Kühlschrank haltbar
- ☑ stark stuhlfestigend
- ☑ glutenfrei

- ■ Tiefgekühlte Heidelbeeren (100 g)
- ■ 5 - 7 EL instant Getreidebrei Hirse
- ■ 60 - 100 ml Apfelsaft
- ■ 1 Teelöffel Rapsöl

Heidelbeeren etwa 5 Minuten auftauen und dann gemeinsam mit den anderen Zutaten fein pürieren.

Dieser Brei wirkt stuhlfestigend.
Ohne Öl ist er ideal bei Durchfall.

Natürlich können Sie auch frische Heidelbeeren verwenden.

APRIKOSEN-VOLLKORNBREI

ab 9 Monate

- ☑ 1 – 2 Tage im Kühlschrank haltbar
- ☑ stuhlauflockernd
- ☑ glutenhaltig

- 🟧 3 – 5 Aprikosen
- 🟧 100 ml Wasser
- 🟧 3 Esslöffel Haferflocken
- 🟧 5 Esslöffel Apfelsaft
- 🟧 1 Teelöffel Rapsöl

Aprikosen waschen und mit kochendem Wasser übergießen. Anschließend die Haut entfernen und entsteinen.

Wasser mit Haferflocken unter Rühren etwa 1 Minute kochen und etwas abkühlen lassen.

Aprikosen, Saft und Öl zugeben und fein pürieren.

PFLAUMEN-VOLLKORNBREI

ab 9 Monate

- ☑ 1 – 2 Tage im Kühlschrank haltbar
- ☑ stark stuhlauflockernd
- ☑ glutenhaltig

- 🟧 3 – 5 Pflaumen / Zwetschgen
- 🟧 100 ml Wasser
- 🟧 3 Esslöffel Dinkelflocken
- 🟧 5 Esslöffel Apfelsaft
- 🟧 1 Teelöffel Rapsöl

Pflaumen waschen, entsteinen und klein schneiden.

Die zerkleinerten Pflaumen zusammen mit Wasser und Dinkelflocken unter Rühren 2 Minuten kochen und etwas abkühlen lassen.

Apfelsaft und Rapsöl zugeben und fein pürieren.

Pflaumen und Zwetschgen sollten Sie bis zum 1. Geburtstag nur gekocht anbieten. Roh verzehrt könnte das Baby Bauchweh oder Durchfall bekommen.

ZWIEBACKBREI

ab 8 Monate

- ☑ 12 Stunden im Kühlschrank haltbar
- ☑ glutenhaltig
- ☑ stuhlfestigend

- 3 Dinkel-Zwiebäcke
- 100 ml Apfelsaft
- 1 Banane
- 1 Teelöffel Rapsöl

Zwieback zerbröseln und etwa 3 Minuten in Saft einweichen.
Banane zerdrücken und mit Öl unter den Zwieback mischen.
Ohne Öl ist dieser Brei ideal bei Durchfall.

Zwiebackbrei ist eine sehr beliebte Variante des Obsts-Getreidebrei.

Verwenden Sie bitte <u>zuckerfreien</u> Zwieback, wie zum Beispiel:

- ✓ Alnatura Baby Dinkel Zwieback
- ✓ Holle Bio Baby Dinkel-Zwieback
- ✓ Demeter Zwieback ohne Zucker

WARMER ZWIEBACKBREI

ab 8 Monate

- ☑ 12 Stunden im Kühlschrank haltbar
- ☑ glutenhaltig
- ☑ stuhlauflockernd

- 3 Dinkel-Zwiebäcke
- 100 ml Apfelsaft
- 1 Apfel
- 1 Teelöffel Rapsöl

Apfelsaft auf etwa 50°C erwärmen.

Zwieback zerbröseln und im warmen Apfelsaft einweichen.

Apfel waschen, entkernen, in Stücke schneiden und zum aufgeweichten Zwieback geben.

Öl zugeben und pürieren.

Besonders im Winter sehr beliebt.

Fingerfood

Als kleine Zwischenmahlzeit oder wenn Ihr Baby keinen Brei mag, ist Fingerfood eine gute Alternative.

Natürlich muss es weich und gesund sein.

Aus meiner Erfahrung können Babys ab etwa 7 Monate **gegarte Gemüsesticks** sehr gut lutschen und haben Spaß an Fingerfood.

Kombinieren Sie Brei und Fingerfood nach den Vorlieben Ihres Babys.

Bieten Sie Ihrem Baby dem Alter entsprechend geeignetes Fingerfood an. Wie beim Brei gilt auch hier: **Schritt für Schritt**.

Probieren Sie die Sorten einzeln aus und warten Sie ein paar Tage, bevor Sie etwas Neues anbieten. Natürlich gilt, auch bei Fingerfood, rein und pur.

Gemüsesticks sollten nicht roh angeboten werden, da erstens die Gefahr des Erstickens zu groß ist und zweitens Rohkost noch nicht verdaut werden kann.

Zum Garen eignet sich dämpfen am besten. Die Inhaltsstoffe können so nicht ans Kochwasser abgegeben werden und das Gemüse bleibt bissfest.

Geben Sie Ihrem Kind keine rohen Möhren, Apfelstücke, glatte runde Lebensmittel wie Trauben oder Oliven. Lassen Sie ihr Kind nie ohne Aufsicht essen!

GEMÜSESTICKS

ab etwa 7 Monate

Das Gemüse waschen, schälen und in Sticks schneiden.

In Wasserdampf je nach Gemüsesorte 5 - 15 Minuten garen.

Wenn Sie keinen speziellen Dampfeinsatz haben, geht auch ein einfaches Metallsieb. Geben Sie ausreichend Wasser in den Kessel und hängen Sie das Sieb ein. Beim Garen mit einem Deckel abdecken.

Anschließend abkühlen lassen und in etwas Rapsöl schwenken.

Je nach Alter des Kindes sind folgende Gemüsesorten besonders gut geeignet:

- ✓ Möhren
- ✓ Pastinaken
- ✓ Zucchini
- ✓ Kohlrabi
- ✓ Kartoffeln
- ✓ Süßkartoffeln
- ✓ Avocado

OBSTSTICKS

ab etwa 8 Monate

Ab etwa 8 Monate kann Ihr Baby auch weiche Obstsorten ungegart erhalten.

Das Obst waschen, schälen und in Sticks schneiden.

Je nach Alter des Kindes sind folgende Sorten besonders gut geeignet:

- ✓ Salatgurke
- ✓ Melone
- ✓ weiche Birne
- ✓ Banane
- ✓ Nektarine
- ✓ Pfirsich
- ✓ Aprikose

Wenn Obststicks den Getreide- Obstbrei ersetzen sollen, so kann Ihr Baby dazu noch etwas Brot oder zuckerfreien Zwieback erhalten. Damit Ihr Baby auch genug Fett bekommt, ist es sinnvoll etwas Mandelmus auf den Zwieback zu streichen.

Knabbereien

Etwa ab 8 Monate kann Ihr Baby auch feste Kost zum Knabbern erhalten.

Gut geeignet zum „Üben" sind

- ✓ Brotwürfel ohne Rinde
- ✓ Brötchen
- ✓ Dinkelstange
- ✓ Dinkeltaler
- ✓ Zwieback ohne Zucker
- ✓ Reiswaffel

Empfehlenswerte Produkte sind z.B.

- ✓ Alnatura, Baby-Zwieback
- ✓ Hipp, Kinderreiswaffeln
- ✓ Holle, Bio Baby Dinkel-Zwieback
- ✓ Real „bio" Dinkel Zwieback ohne Zuckerzusatz
- ✓ Werz Naturkornmühle GmbH, Vollkorn-Dinkelstangen

Kekse und Plätzchen sollte Ihr Baby erst später erhalten (Siehe Seite 61).

Bitte nicht ständig knabbern

Die Knabbereien zwischendurch sollten Sie 1 – 2-mal am Tag auf etwa 15 Minuten begrenzen. Danach sollten Sie etwas Wasser oder Tee zum Ausspülen des Mundes anbieten.
Knabbereien sind kein Spielzeug und keine Maßnahme gegen Langeweile.

Mein Baby möchte nur Brei

Machen Sie sich deswegen keine Sorgen. Es gibt sehr viele Kinder, die mit 9 Monaten nur eine Breimahlzeit am Tag essen und ansonsten nur gestillt werden möchten bzw. Fläschchen trinken möchten.
Lassen Sie sich von Altersangaben in Rezepten und nervigen Bemerkungen der Umwelt nicht verwirren, es ist nicht schlimm, wenn Ihr Kind erst später Interesse an fester Kost hat.

DINKEL-TALER

ab 8 Monate

- ☑ Für 12 Taler
- ☑ glutenhaltig

- 🟧 1 Kaffeebecher Dinkelmehl
- 🟧 ¾ Kaffeebecher Mineralwasser
- 🟧 1 Banane
- 🟧 1 Esslöffel Rapsöl
- 🟧 1 Teelöffel Backpulver
- 🟧 2 Esslöffel Haferflocken

Alle Zutaten mit dem Mixer gut durch mischen.
Geben Sie circa 10 -15 kleine Häufchen mit einem Esslöffel auf ein mit Backpapier ausgelegtes Backblech.
Bei 180 – 200 °C etwa 20 Minuten leicht braun backen.

Dinkeltaler herzhaft
Ersetzen Sie ab 10 Monate das Rapsöl durch Olivenöl und geben Sie anstatt Banane, Schnittlauch und Petersilie fein gehackt hinzu.

DINKELSTANGEN

ab 8 Monate

- ☑ Für 15 Dinkelstangen
- ☑ glutenhaltig

- 🟧 250 g Dinkelmehl Typ 1050
- 🟧 1 Teelöffel Trockenhefe
- 🟧 1 Teelöffel Zucker (für die Hefe)
- 🟧 150 ml warmes Wasser
- 🟧 Mehl für die Arbeitsfläche

Alle Zutaten sehr gründlich verkneten, eventuell etwas Mehl zugeben, falls der Teig klebt.
Dann bei Zimmertemperatur etwa eine Stunde gehen lassen. Den Backofen auf 190°C (Umluft 170) vorheizen.

Den Teig auf der bemehlten Arbeitsfläche kneten und eventuell noch etwas Mehl einarbeiten.

Dann in etwa 15 Stücke teilen und jedes zu einer kleinen Stange rollen.
20 Minuten auf dem Backblech gehen lassen und anschließend 15 - 20 Minuten backen.

Erste Brotmahlzeit

Die erste feste Kost ist ein weiterer Meilenstein in der Entwicklung Ihres Babys. Ab wann ein Baby in der Lage ist, etwas zu beißen oder sogar richtig zu kauen, ist sehr unterschiedlich.

Wenn Ihr Baby gerne kaut, können Sie ab **etwa 10 Monate** die erste Mahlzeit mit fester Kost anbieten.

Natürlich wird Ihr Kind nicht gleich ein komplettes Frühstück oder Abendbrot zu sich nehmen und sich hauptsächlich weiterhin von Brei und Muttermilch bzw. Anfangsmilch satt essen.

Beispiel für eine Brotmahlzeit
1 Scheibe fein gemahlenes Dinkel-Vollkornbrot ohne Kruste mit z.B. wenig Butter. Dazu eine halbe Portion Milchbrei und 1 Tasse Früchtetee. Etwas Rohkost wie z.B. ein Stück Birne oder Salatgurke runden die Mahlzeit ab.

! Toastbrot enthält meist Zusatzstoffe und ist nicht empfehlenswert.

Brotbelag
Die Auswahl an Brotbelag sollte noch nicht groß sein. Butter, Salatgurke, Obstmus und „bio" Leberwurst reichen aus.

Kombinieren Sie Brei, Stillen bzw. Flasche und die erste feste Nahrung nach den Bedürfnissen Ihres Kindes.

Bärchenwurst und Co
Viele Wurstsorten enthalten Zusatzstoffe. Auch Produkte, die speziell für Kinder verkauft werden, enthalten oft überflüssige und ungesunde Zusatzstoffe. Alle Produkte haben eine Zutatenliste. Lesen Sie diese vor dem Kauf und entscheiden Sie sich nur für Produkte, die frei sind von Aromen, Farbstoffen, Konservierungsstoffen und Geschmacksverstärkern.

Leberwurst, die frei ist von Zusatzstoffen, ist auch für Kinder ab 10 Monate geeignet. Bitte Fragen sie bei Ihrem Metzger oder kaufen Sie im Supermarkt „bio" Leberwurst.

Die ersten Kekse

Wird das Kind größer, wird mit großer Wahrscheinlichkeit bald auch Süßes sein Interesse wecken!

Auf Familienfeiern gehören Kuchen praktisch überall dazu, zu Ostern, Weihnachten und Geburtstagen wird in den meisten Familien Schokolade nicht fehlen, besonders, wenn das Kind bereits ältere Geschwister hat.

Kleinkinder sollten jedoch noch keine Süßigkeiten erhalten. Leider stoßen Eltern oft auf Unverständnis bei Verwandten und Bekannten, wenn ihr Kleinkind noch keine Süßigkeiten essen soll. Lassen Sie sich davon nicht verunsichern.

Als gesunde Alternative zu „normalen" Süßigkeiten kann Ihr Kind ab und zu einen selbstgebackenen Keks erhalten.

✓ Als Fertigprodukt kann ich „Holle Bio Baby Dinkel Keks" empfehlen.

KRÜMMELMONSTER KEKSE

ab 10 Monate

☑ 15 - 20 Stück
☑ glutenhaltig

- 2 Tassen Mehl
- 3 Esslöffel Butter
- 3 Esslöffel Haferflocken
- 1 Apfel gehobelt
- 1 Ei
- 3 – 5 Esslöffel Apfelsaft

Aus den Zutaten einen Mürbeteig bereiten und für 1 Stunde in den Kühlschrank stellen.

Dann eine Rolle formen und in Scheiben schneiden.

Auf einem mit Backpapier ausgelegten Blech bei 180° – 200° C etwa 12 – 15 Minuten backen.

Kann ich Brei und feste Kost kombinieren?

Ja. Zum Sattessen und zur Deckung des Vitamin- und Nährstoffbedarfs kann Ihr Kind auch weiterhin die gewohnten Breimahlzeiten essen. Kombinieren Sie feste Kost mit Breimahlzeiten und beachten Sie, dass Kinder nur so viel essen sollten wie sie möchten.

Der Übergang zur Familienkost

Die Rezepte ab 1 Jahr sind für die „Übergangszeit" optimal. Sie sind kindgerecht und schmecken auch Erwachsenen.

Damit Ihr Kind auch weiterhin gesund ernährt wird, ist eine ausgewogene, jahreszeitlich orientierte Mischkost ohne Fertigprodukte optimal.

Darf mein Kind nun alles essen?

Lassen Sie Ihr Kind ab etwa 1 Jahr von allem probieren, von dem es signalisiert, dass es gerne kosten möchte. Vermeiden Sie dabei Fertigprodukte. Alkoholhaltige und koffeinhaltige Lebensmittel sind natürlich ausgeschlossen.

Sind Süßigkeiten erlaubt?

Ja. Kinder lieben Süßigkeiten und sollten in geringen Mengen im Tagesplan mit eingerechnet werden. Wählen Sie jedoch Produkte ohne Zusatzstoffe.

Sollte mein Kind Fisch essen?

Ja. Geben Sie ihrem Kind 1-2-mal in der Woche Seefisch. Auch Fischstäbchen sind ab und zu mal erlaubt.

Wie viele Eier sind gesund?

1 – 2 Eier pro Woche sind erlaubt.

Sollte ich Jodsalz verwenden?

Ja. Natürlich sollten Sie sehr sparsam mit Salz umgehen. Sobald Sie Salz benötigen, ist jodiertes Meersalz besonders empfehlenswert.

Worauf sollte ich beim Einkaufen achten?

Kaufen Sie frische, unbehandelte Lebensmittel. Lesen Sie auf Produkten wie Frischkäse, Brot, Margarine, Käse, Wurst, Süßigkeiten etc. die Zutatenliste und vermeiden Sie Produkte mit Zusatzstoffen wie z.B. künstliches Aroma, Süßstoffen, naturidentisches Aroma, E-Stoffe insbesondere, jedoch E123, E296, E385 und E110, Emulgatoren, Geschmacksverstärker wie z.B. Glutamate oder Hefeextrakt, Antioxidantien, Verdickungsmittel, Farbstoffe und Konservierungsmittel. Mehr Informationen unter *http://www.heko.ch/toxin/index.html*

Braucht mein Kind Fleisch?
Nicht unbedingt.

Die Rezepte im Buch enthalten auch ohne Fleisch genügend Eisen.
Wenn Sie auch nach 18 Monaten auf Fleisch verzichten möchten, so rate ich Ihnen, sich intensiv mit vegetarischer Küche zu beschäftigen und empfehle Ihnen das Buch von Elisabeth Fischer - Das vegetarische Kochbuch.

Womit sollte man Fleisch braten?

Verwenden Sie zum Braten idealerweise natives Olivenöl oder Rapsöl.

Gewürze

Ihr Kind hat bisher nur reine und unverfälschte Kost erhalten.
Geben sie dem Eigengeschmack der Lebensmittel auch weiterhin eine Chance und verzichten Sie noch möglichst oft auf Salz und Gewürze.

Butter oder Margarine?

„Bio" Süßrahmbutter und deutsche Markenbutter sind frei von künstlichen Zusätzen und sind ein traditionales, natürliches Lebensmittel.

Ernährungsexperten glauben längst nicht mehr an den gesundheitlichen Nutzen von Margarine. Es gibt bis heute keine wissenschaftliche Studie, die den Vorteil von Margarine gegenüber Butter eindeutig belegt. Auch wird häufig die geringere Fettzufuhr durch Margarine betont, doch beide Speisefette enthalten um die 80 g Fett/ 100 g.

Auf der Suche nach einer Margarine, die ich ohne Einschränkung empfehlen kann, bin ich nicht fündig geworden. In fast allen Margarinen sind Aroma, gehärtete Fette, Palmöl und sonstige Zusatzstoffe enthalten.

Zurzeit scheint mir die Margarine von Alnatura am Besten geeignet, würde jedoch Butter als Brotaufstrich bevorzugen.

Darf mein Kind ab 1 Jahr Vollmilch trinken?

Ja. Aber bitte nur in geringen Mengen. Da die Nieren des Kindes erst mit 18 Monaten ausgereift und voll funktionsfähig sind, kann zuviel Vollmilch die Nieren des Kindes jetzt noch belasten. Außerdem kann die Eisenaufnahme beeinträchtigt werden. Das gilt auch für fettarme Milch.

Sollte ich auch nach dem 1.Geburtstag stillen?

Muttermilch ist auch nach dem ersten Geburtstag ideal. Stillen Sie solange wie Sie und Ihr Kind es möchten.

Ab wann ersetze ich Anfangsmilch gegen Vollmilch?

Ab etwa einem Jahr kann Ihr Kind 3 kleine Portionen Milch oder Milchprodukte erhalten. Wenn Ihr Kind darüber hinaus noch ein Fläschchen bekommt, so empfehle ich dieses in Form von Anfangsnahrung zu geben.

Spezielle Kleinkindermilch?

Diese wird sehr umworben, ist jedoch keinesfalls besser geeignet als Muttermilch bzw. Anfangsmilch.

Wieviel Milch und Milchprodukte braucht mein Kind?

Ihr Kind benötigt nun etwa 300 ml Milch pro Tag. Diese kann Ihr Kind beim Stillen, aus dem Fläschchen, im Becher, im Milchbrei oder als Milchprodukt erhalten.

Wie viel Joghurt, Quark oder Käse braucht mein Kind?

Neben Muttermilch bzw. Anfangsmilch kann Ihr Kind 1 - 3 kleine Portionen Milch oder Milchprodukte erhalten.

Eine Portion ist zum Beispiel:

- ✓ ½ - 1 Scheibe Käse, je nach Größe der Scheibe. Gouda oder Butterkäse eignet sich besonders gut.
- ✓ 125 g Naturjoghurt 3,5 %
- ✓ 40 g Frischkäse
- ✓ 100 g Magerquark
- ✓ 200 g Vollmilchbrei
- ✓ 150 ml Vollmilch im Becher

Braucht mein Kind Obstsäfte?

Nein. Fruchtsäfte dienen nicht zur Flüssigkeitszufuhr und sollten nur bei Bedarf eingesetzt werden, z.B. bei erhöhtem Vitaminbedarf bei Erkältungen oder wenn Ihr Kind kein Obst gegessen hat. Hier gelten 200 ml Obstsaft (100 % Saft) pro Tag. Bitte Saft nicht in die Flasche geben.

Sind spezielle Produkte für Kinder sinnvoll?

Nein! Eltern sind schnell besorgt, wenn ihr Kind vermeintlich zu wenig Obst und Gemüse isst. Der Griff zu Lebensmitteln mit zusätzlichen Vitaminen erscheint vielfach als einfache Lösung. Doch die oft speziell für Kinder angepriesenen Produkte und Nährstoffpräparate sind alles andere als sinnvoll. Die Produkte enthalten oft viel Zucker, Fett, Eiweiß und überflüssige Kalorien.

Braucht mein Kind eine extra Portion Calcium?

Nein. Eine ausgewogene gesunde Ernährung wie im Buch beschrieben, enthält genug Calcium. Viele Kleinkinder bekommen zu viel Milch oder Milchprodukte, weil diese als Calciumlieferanten ein überaus positives Image haben.
Die Ernährungskommission für Kinderheilkunde (DGKJ) hält eiweißreiche Produkte für Kleinkinder (z.B. Fruchtzwerge, Kinderjoghurts, Kindermilch usw.) nicht nur für überflüssig, sondern sogar für schädlich, da zu viel Eiweiß die Nieren schädigen könnte.

Wie lernt mein Kind „richtig" zu essen?

Selbstständig essen zu lernen und sich beim Essen auch noch richtig zu benehmen, ist nicht einfach für Ihr Kind. Es benötigt hierbei Ihre ganze Unterstützung und Geduld.
Hier einige Tipps, wie Sie Ihr Kind unterstützen können.

Führen Sie regelmäßige Mahlzeiten über den Tag hinweg ein.

Kinder lieben Rituale. Essen Sie möglichst immer am gleichen Platz. Kinder lieben Wiederholungen und ihr Kind hat wahrscheinlich einen Lieblingsteller und Löffel.

Essen Sie gleichzeitig auch etwas und zeigen Sie Ihrem Kind, dass Sie das Essen genießen und Freude daran haben.

Lassen Sie Ihr Kind von allem probieren und einige Erfahrungen sammeln. Die meisten Kinder sind von Natur aus neugierig und werden Lebensmittel ausprobieren wollen, wenn sie dazu bereit sind.

Viele Kleinkinder essen zeitweise nur Lebensmittel und Speisen, die sie gut kennen und ihnen gut schmecken.

Ändern Sie nicht gleich den Speiseplan, nur weil ihr Kind momentan ein bestimmtes Gemüse nicht mag. Beim nächsten Mal schmeckt es vielleicht schon wieder.

Essen, am liebsten ganz allein

Anfangs geht es nur mit den Fingern, doch bald interessiert sich Ihr Kind auch für Besteck. Besonders gut geeignet ist Kinderbesteck mit extradicken Griffen. Um einen gefüllten Löffel zum Mund zu bringen, braucht es viel Geschick und Übung. Einfacher geht es mit einer Gabel, Stücke können schon von Einjährigen recht sicher aufgepickt werden. Bitte nicht verzweifeln, wenn Ihr Kind die Gabel mit der einen Hand festhält und mit der anderen Hand das Essen aufnimmt. Es braucht viel Zeit zum Üben, bis Besteck sicher benutzt werden kann.

Wie viele Mahlzeiten braucht mein Kind?

5-6 Mahlzeiten am Tag sind optimal.

2 kalte Hauptmahlzeiten

Frühstück und Abendessen. Sie bestehen aus Brot, einem Milchprodukt, Obst oder Gemüserohkost oder Milchbrei und einem kalorienfreien Getränk.

1 warme Hauptmahlzeit

Kinder sollten in der Regel eine warme Mahlzeit am Tag haben.
Dabei spielt es keine Rolle, ob die warme Mahlzeit mittags oder abends eingenommen wird. Es muss auch nicht immer ein komplettes Menü sein. Ein Gemüse-Pfannkuchen oder Nudeln mit Tomatensoße sind oft schon genug. Bei Bedarf kann die warme Hauptmahlzeit ab und zu gegen eine kalte Mahlzeit ersetzt werden.

2 - 3 Zwischenmahlzeiten

Kinder brauchen Zwischenmahlzeiten, jedoch sollten Kinder nicht ständig essen. Obst und Rohkost sind am besten geeignet. Dazu kommen natürlich ab und zu Kekse, Brötchen und Kuchen. Zwischenmahlzeiten sollten auch am Tisch eingenommen werden.

Happy Birthday

Endlich ist es soweit, der erste Geburtstag.

Bunte Luftballons und eine leuchtende Kerze lassen die Augen der Kleinen strahlen. Aufregende Festtage sind von besonderen Ritualen begleitet und geben dem Kind Orientierung. Einige kleine Rituale für den ersten Geburtstag sind zum Beispiel ein liebevoll gedeckter Frühstückstisch mit einer brennenden Geburtstagskerze. Dazu ein kleines Blümchen und ein Luftballon am Stuhl.

Am Nachmittag, wenn die Gäste kommen, können Sie die Haustür mit Luftballons schmücken und bei Kaffee, Kuchen und Kerzen gemeinsam ein Geburtstagslied singen. Geschenke werden ausgepackt und es sollte viel Zeit zum Spielen sein. Lassen Sie den Abend ohne Gäste ruhig ausklingen und nehmen Sie sich besonders viel Zeit für das Abendritual.

MUFFINS

ab 1 Jahr

☑ 12 Stück (Mini-Muffins)

- 3 Tassen Mehl
- 1 Teelöffel Backpulver
- 1 Prise Salz
- ½ Tasse Zucker
- 10 Esslöffel Rapsöl
- 1 Ei
- ½ Tasse Mineralwasser
- ½ Tasse Heidelbeeren oder 1 geriebener Apfel

Alles in einer Rührschüssel mit dem Mixer gut vermischen und dann die Früchte unterheben.

Muffin-Tütchen bis zu 2/3 mit Teig füllen.

Backzeit: 20 Minuten bei 180° C.
Nach dem Backen abkühlen lassen.

APRIKOSEN-TÖRTCHEN

ab 1 Jahr

☑ 12 Stück

- 2 Tassen Mehl
- ½ Tasse Zucker
- 2 Esslöffel Butter
- 1 Prise Salz
- 6 Aprikosen

Die Zutaten zu einem Mürbeteig kneten und zu einer Rolle formen. Taler abschneiden. Für das Gitter kleine Rollen formen.

Auf die Taler eine halbe, entkernte und geschälte Aprikose legen und mit den kleinen Rollen ein Gitter formen.

Die Taler auf Backpapier legen und circa 10-15 Minuten bei 180 °C backen.

MINI PIZZA

ab 1 Jahr

☑ 12 Stück

- 150 g Magerquark
- 1 Prise Salz
- 6 Esslöffel Olivenöl
- 2 Tassen Dinkelmehl
- 2 Teelöffel Backpulver
- Tomatenmark
- Mozzarella Käse gerieben

Den Quark, Salz und Öl in eine Schüssel geben und verrühren.
Mehl mit Backpulver mischen und unter die Quarkmasse rühren.

Zu kleinen Mini Pizzen formen und mit Tomatenmark einstreichen.
Als Belag eignet sich Mozzarella Käse.

Auf Backpapier legen und circa 10-15 Minuten bei 180 °C backen.

Variationen der Brotmahlzeit

Ihr Kind kann nun auch
Frischkäse, Gouda, Kräuterquark,
Marmelade (hoher Fruchtanteil) und
magere Wurst je nach Geschmack
erhalten.

*Die Vorschläge sollen als Anregung
dienen. Variieren Sie die Mahlzeiten
nach den Bedürfnissen Ihres Kindes.*

*Anfangs wird Ihr Kind natürlich
nicht gleich ein komplettes
Frühstück essen.*

*Wenn Ihr Baby nur wenig
gegessen hat, kann es zusätzlich
noch gestillt werden bzw.
Anfangsmilch erhalten oder etwas
Milchbrei essen.*

1|

- ✓ 1 kleines Müsli
- ✓ 1 Becher Früchtetee
- ✓ Etwas Brot zum Knabbern

2|

- ✓ 1 Scheibe Brot mit Butter
- ✓ Salatgurke als Fingerfood
- ✓ 1 Becher Anfangsmilch/Muttermilch

3|

- ✓ 1 Scheibe Brot mit Frischkäse
- ✓ 1 Kiwi in Scheiben
- ✓ 1 Becher Früchtetee

4|

- ✓ 1 Scheibe Brot mit Leberwurst
- ✓ 1 Naturjoghurt
- ✓ 1 Becher Früchtetee

5|

- ✓ 1 Apfelpfannkuchen
- ✓ 1 Becher Früchtetee

6|

- ✓ 1 Brötchen mit Butter
- ✓ 1 Apfel in Stücken
- ✓ 1 Becher Anfangsmilch/Muttermilch

7|

- ✓ 1 Scheibe Sonnenblumenbrot mit vegetarischer Teewurst
- ✓ 1 Portion Bananenquark
- ✓ 1 Becher Früchtetee

MILCH-BRÖTCHEN

ab 1 Jahr

- ☑ 6 - 8 Stück
- ☑ glutenhaltig

- 🟧 250 g Magerquark
- 🟧 2 Eier
- 🟧 1 Teelöffel Zucker
- 🟧 1 Prise Salz
- 🟧 250 g Mehl
- 🟧 1 Teelöffel Backpulver
- 🟧 7 EL Milch, 7 EL Rapsöl

Backofen auf 175 °C vorheizen.
Quark, Eier, Zucker, Milch, Öl und Salz verrühren. Mehl und Backpulver mischen. Erst mit dem Schneebesen unter die Quarkmasse rühren, dann mit dem Knethaken zu einem glatten Teig verarbeiten.

Mit einem Esslöffel 6 - 8 Teighäufchen auf ein mit Backpapier ausgelegtes Backblech setzen und etwa 15-20 Minuten bei 175 °C backen.

Ohne Salz ab ~10 Monate als Fingerfood geeignet.

APFELBROT

ab 1 Jahr

- ☑ glutenhaltig

- 🟧 550 g Dinkelmehl
- 🟧 1 Tütchen Trockenhefe
- 🟧 340 ml lauwarmes Wasser
- 🟧 2 Äpfel geraspelt
- 🟧 5 Esslöffel Öl
- 🟧 1 Teelöffel Salz
- 🟧 7 Esslöffel Sonnenblumenkerne

Vorteig: Ca. 50 ml lauwarmes Wasser mit der Hefe und 2 TL Mehl in einer Tasse verrühren. Diesen an einem warmen Ort aufgehen lassen.

Alle anderen Zutaten dann mit dem Vorteig verkneten (mit den Händen) und in einer geölten Form an einem warmen Ort gehen lassen.

Bei 220 °C etwa 45 Minuten backen.

Ohne Salz ab ~10 Monate geeignet.

APFELPFANNKUCHEN

ab ~ 10 Monate

- ☑ glutenhaltig
- ☑ Baby-led Weaning

- ■ ½ Tasse Dinkelvollkornmehl
- ■ 3 – 5 Esslöffel Mineralwasser
- ■ 1 Ei, 1 Apfel
- ■ Öl zum Ausbacken

Dinkelvollkornmehl mit Mineralwasser zu einem Glatt Teig verrühren.
1 Ei dazugeben und kräftig durchrühren.
1 Apfel schälen und in Stücke schneiden und unter den Teig mischen.
1 Esslöffel Rapsöl in der Pfanne erhitzen und zwei kleine Schöpfkellen voll Teig in die Pfanne geben.
Sobald der Teig fest wird, den Pfannkuchen wenden.

VEGETARISCHE TEEWURST

ab 1 Jahr

- ☑ glutenfrei

- ■ 250 ml Tomatensaft
- ■ 100 g rote Linsen
- ■ 1 kleine gelbe Paprika
- ■ Salz, Pfeffer
- ■ Basilikum

Tomatensaft aufkochen lassen. Linsen dazugeben und bei schwacher Hitze 5-10 Min. köcheln lassen, dann pürieren. Paprika waschen, putzen und in grobe Stücke schneiden. In der Küchenmaschine fein raspeln. Paprikaraspel unter die Linsenmasse rühren und mit Salz, Pfeffer und Basilikum abschmecken. Paste in ein sauber ausgespültes Schraubdeckelglas füllen und im Kühlschrank lagern.

HAFER-KOKOS-BÄLLCHEN

ab ~ 10 Monate

- ☑ glutenhaltig
- ☑ Baby-led Weaning

- ■ 1 Banane
- ■ 125 g Haferflocken
- ■ 100 g Kokosraspeln

Banane zerdrücken und Hafer hinzufügen. 2-3 cm große Bällchen formen und in Kokosraspeln wenden. Ca. 2 Stunden stehen lassen, die Bällchen werden noch etwas fester.

MÜSLI

ab 1 Jahr

- ☑ glutenhaltig

- ■ 3 – 4 EL zarte Haferflocken
- ■ 1 kleiner Apfel geraspelt
- ■ 1 EL Naturjoghurt 3,5 %
- ■ ½ Banane in kleinen Stücken
- ■ 2 – 3 EL Apfelsaft 100 %

Alles vermischen und etwa 10 Minuten quellen lassen.

GEMÜSEPFANNKUCHEN

ab ~ 10 Monate

☑ 1 – 2 Tage im Kühlschrank haltbar
☑ Glutenhaltig

- 1 kleine Möhre
- 1 Broccoli-Rösschen
- 1 Ei
- 2 Esslöffel Dinkelmehl
- 1 Esslöffel Haferflocken
- 2 Esslöffel Orangensaft

Möhre waschen, schälen und fein hobeln. Broccoli-Röschen sehr klein schneiden.

Ei mit Mehl, Saft, Haferflocken und etwas Wasser zu einem glatten Teig rühren. Gemüse unterrühren.

2 Esslöffel Rapsöl in einer beschichteten Pfanne erhitzen. Teig in die Pfanne geben und nicht zu schnell von beiden Seiten backen.

Bitte nur Orangensaft 100% oder frisch gepresst verwenden.

CURRYHÄHNCHEN MIT REIS

ab 1 Jahr

☑ Reste nicht aufwärmen
☑ glutenfrei

- 2 Esslöffel Basmatireis
- 80 g Hähnchenbrustfilet
- 1 kleiner Apfel
- 150 ml Wasser
- 1 Teelöffel natives Rapsöl
- ¼ Teelöffel Curry, eine Prise Salz
- 1 Esslöffel Sahne

Fleisch waschen, trocken tupfen und in sehr kleine Würfel schneiden.
Apfel ebenfalls waschen und in kleine Würfel schneiden.
Fett erhitzen, das Fleisch anbraten und mit Curry bestäuben.
Wenn es ringsherum hellbraun gebraten ist, mit Wasser ablöschen und Reis zugeben. Etwa 10 Minuten köcheln lassen. Ab und zu rühren.

Dann Apfel und Sahne zugeben und etwa 2 Minuten weiter kochen.

NUDELN IN TOMATENSOßE

ab 1 Jahr

- ☑ 1 – 2 Tage im Kühlschrank haltbar
- ☑ glutenhaltig

- 🟧 5 Esslöffel Gabelspaghetti
- 🟧 1 Tomate
- 🟧 1 Esslöffel Tomatenmark
- 🟧 2 Esslöffel Sahne
- 🟧 1 Esslöffel Haferflocken
- 🟧 2 Esslöffel Orangensaft

Nudeln nach Anleitung garen (jedoch ohne Salz).

Tomate waschen, Strunk entfernen und klein schneiden.

Olivenöl in einer Pfanne erhitzen und Tomate darin anbraten.

Dann Sahne, Tomatenmark, Haferflocken, Saft und gegarte Nudeln untermischen.

CHINAKOHL MIT PUTE

ab 1 Jahr

- ☑ Reste nicht aufwärmen
- ☑ glutenfrei

- 🟧 1/8 Chinakohl
- 🟧 1 - 2 Kartoffeln
- 🟧 80 g Putenbrustfilet
- 🟧 2 Esslöffel natives Olivenöl
- 🟧 1 Esslöffel Orangensaft

Kartoffeln waschen und mit Schale in Wasser garen.
Danach mit kaltem Wasser abschrecken, pellen und klein Würfeln.

Chinakohl in feine Streifen schneiden, waschen und im Sieb abtropfen lassen.
Öl in einer beschichteten Pfanne erhitzen.
Pute anbraten und dann Chinakohl zugeben und unter Rühren etwa 5 Minuten mitbraten.

Kartoffeln und Saft zugeben und gut vermischen.

AUBERGINE-PFANNE

ab 1 Jahr

- ☑ 1 Tag im Kühlschrank haltbar
- ☑ glutenhaltig

- 🟧 4 Esslöffel instant Couscous
- 🟧 ½ Aubergine
- 🟧 50 ml Wasser
- 🟧 3 Esslöffel Orangensaft
- 🟧 1 Esslöffel natives Olivenöl
- 🟧 1 Esslöffel Haferflocken

Wasser kochen und Couscous einrühren. 5 Minuten quellen lassen und Saft untermischen.

Aubergine waschen, Stiel entfernen und würfeln.

Öl in einer beschichteten Pfanne erhitzen und Aubergine etwa 1 Minute anbraten. Mit etwas Wasser ablöschen und etwa 5 Minuten dünsten.
Haferflocken und Couscous zugeben.

MAISCREME MIT LACHS

ab 1 Jahr

- ☑ Reste nicht aufwärmen
- ☑ glutenfrei

- 🟧 1 – 2 Kartoffeln
- 🟧 5 Esslöffel Mais (tiefgekühlt)
- 🟧 150 ml Wasser
- 🟧 75 g Lachsfilet
- 🟧 1 Esslöffel Sahne

Kartoffeln waschen, schälen und würfeln. Mit Wasser in einen Topf geben und das Lachsfilet oben drauf legen. Etwa 15 Minuten garen. Lachs entnehmen.
Die Kartoffeln zusammen mit etwa 4 Esslöffeln aufgetautem Mais und Sahne pürieren. Dann 1 Esslöffel Mais untermischen. Lachs auf Gräten kontrollieren und klein schneiden.

TK Mais ist meistens leicht vorgekocht und daher nach dem Auftauen sofort verzehrfertig.

PAPRIKA-PFANNE

ab 1 Jahr

- ☑ 1 – 2 Tage im Kühlschrank haltbar
- ☑ glutenhaltig

- 🟧 1 – 2 Kartoffeln
- 🟧 ½ rote Paprika
- 🟧 3 Esslöffel natives Olivenöl
- 🟧 1 Esslöffel Haferflocken
- 🟧 1 Esslöffel Orangensaft

Kartoffeln waschen und mit Schale in Wasser garen. Danach mit kaltem Wasser abschrecken, pellen und klein würfeln.

Paprika waschen, teilen, entkernen, Stiel entfernen und sehr klein würfeln.
Öl in einer beschichteten Pfanne erhitzen.
Paprika zugeben und etwa 5 Minuten dünsten.
Kartoffeln, Saft und Haferflocken zugeben und gut vermischen.
Etwa 5 Minuten durch ziehen lassen.

Mit frischen Kräutern verfeinern.

LAUCHCREME MIT HACKFLEISCH

ab 1 Jahr

- ☑ Reste nicht aufwärmen
- ☑ glutenfrei

- 🟧 1 – 2 Kartoffeln
- 🟧 1 Stange Lauch
- 🟧 150 ml Wasser
- 🟧 80 g Rinderhackfleisch
- 🟧 1 Prise Salz
- 🟧 1 Esslöffel natives Olivenöl
- 🟧 1 Esslöffel Sahne

Kartoffeln waschen, schälen und würfeln.
Vom Lauch die äußeren Blätter entfernen, die harten grünen Blätter abschneiden und Wurzel abschneiden. Den Rest in sehr feine Ringe schneiden.
Zusammen mit den Kartoffeln in Wasser etwa 13 Minuten zugedeckt kochen.
Anschließend Sahne zugeben und fein zerdrücken.
Hackfleisch in Olivenöl krümelig braten und eine Prise Salz zugeben.

SPINAT MIT EI

ab 1 Jahr

☑ Reste nicht aufwärmen
☑ glutenhaltig

■ 100 g Blattspinat (tiefgefühlt)
■ 1 – 2 Kartoffeln
■ 150 ml Wasser
■ 1 Esslöffel Sahne
■ 1 Esslöffel Haferflocken
■ 1 Esslöffel Orangensaft
■ 1 Ei

Das Ei in Wasser hart kochen.

Kartoffeln waschen, schälen und in kleine Würfel schneiden und in Wasser etwa 12 Minuten zugedeckt kochen.

Dann den Spinat zugeben und noch 5 Minuten zugedeckt weiter kochen.

Anschließend zusammen mit Saft, Haferflocken und Sahne zerdrücken.

Das Ei schälen und dazu geben.

REIBEKUCHEN MIT APFELMUS

ab ~ 10 Monate

☑ 1 – 2 Tage im Kühlschrank haltbar
☑ glutenhaltig

■ 1 kleine Möhre
■ 1 - 2 Kartoffeln
■ 1 Esslöffel Haferflocken
■ 1 Esslöffel Mehl
■ 5 Esslöffel natives Rapsöl
■ 1 Apfel

Kartoffeln und Möhre waschen, schälen und reiben.

Wichtig! Nach dem Reiben nicht noch mal waschen, da die Küchlein sonst in der Pfanne zerfallen.

Mit Haferflocken und Mehl vermischen.
Öl in einer beschichteten Pfanne erhitzen.
Mit einem Löffel kleine Taler in die Pfanne geben. Von beiden Seiten knusprig braten.
Anschließend das Fett mit Küchenkrepp abtupfen.
Apfel waschen, schälen, entkernen und pürieren.

GRAUPENTOPF

ab 1 Jahr

☑ 1 – 2 Tage im Kühlschrank haltbar
☑ glutenhaltig

🟧 4 Esslöffel mittlere Perlgraupen
🟧 2 – 3 Broccoli-Röschen
🟧 150 ml Wasser
🟧 1 Esslöffel Sahne
🟧 1 Teelöffel Mandelmus
🟧 1 Esslöffel Orangensaft

Perlgraupen in Wasser etwa 10 Minuten zugedeckt köcheln lassen.

Broccoli waschen, sehr klein schneiden und zu den Perlgraupen geben.
Etwa 15 Minuten zugedeckt weiter kochen.

Zum Schluss Sahne, Mandelmus und Saft zugeben und etwa 5 Minuten ziehen lassen.

SCHINKENNUDELN

ab 1 Jahr

☑ Reste nicht aufwärmen
☑ glutenhaltig

🟧 4 Esslöffel Gabelspaghetti
🟧 3 Esslöffel Erbsen (tiefgekühlt)
🟧 3 Esslöffel Mais (tiefgekühlt)
🟧 ½ Scheibe gekochter Schinken
🟧 2 Esslöffel Sahne
🟧 1 Esslöffel Orangensaft

Spaghetti nach Anleitung garen (jedoch ohne Salz).

Erbsen in wenig Wasser etwa 5 Minuten garen. Mais auftauen.

Wasser abschütten und mit Mais, Spaghetti, Saft und Sahne vermischen.

Schinken in feine Stücke schneiden und darüber streuen.

BANANEN COUSCOUS

ab ~9 Monate

☑ 1 – 2 Tage im Kühlschrank haltbar
☑ glutenhaltig

◼ 3 Esslöffel instant Couscous
◼ 50 ml Wasser
◼ 1 Banane
◼ Apfelsaft

Wasser kochen und Couscous einrühren.

5 Minuten quellen lassen und mit Apfelsaft glatt rühren.

Eine Bananenhälfte zerdrücken und die andere Hälfte fein würfeln.
Dann unter den Couscous rühren.

Für Kinder ab ~9 Monate sind die Rezepte auf Seite 78 als **Hauptmahlzeit** *geeignet, wenn sie je einen Teelöffel Öl dazu geben.*

APRIKOSENCREME

ab ~9 Monate

☑ 12 Stunden im Kühlschrank haltbar
☑ glutenfrei

◼ 5 Aprikosen
◼ 3 Esslöffel instant Getreidebrei Reis
◼ 1 Orange

Aprikosen mit heißem Wasser übergießen. Anschließend die Haut abziehen und entsteinen.

Orange waschen und auspressen.
Den frisch gepressten Saft zusammen mit 4 Aprikosen und Getreidebrei pürieren.

1 Aprikose klein schneiden und unterühren.

Anstatt Aprikose können Sie auch andere Obstsorten verwenden.
Anstatt Reisbrei können Sie auch andere instant Getreidebreie wie Hirse oder Dinkelbrei verwenden.

OBSTSALAT

ab ~9 Monate

☑ 1 Tag im Kühlschrank haltbar
☑ glutenfrei

■ ¼ Honigmelone
■ 1 Pfirsich
■ 1 Orange

Melone schälen, entkernen und in Stücke
schneiden.
Pfirsich waschen, entkernen und schälen.

Von der Orange die Schale und weiße Haut
entfernen und in Stücke schneiden.

Alles vermischen.

*Bitte verwenden Sie im Obstsalat
Früchte der Saison.*

SMOOTHIE

ab ~9 Monate

☑ 1 – 2 Tage im Kühlschrank haltbar
☑ glutenfrei

■ Obst nach Wahl
■ Apfelsaft

Obst nach Wahl waschen, schälen und in
Stücke schneiden.

In einem hohen Behälter mit etwas
Apfelsaft sehr fein pürieren.

*Im Sommer eignen sich sehr gut nur
leicht aufgetaute tiefgekühlte
Beerenfrüchte.*

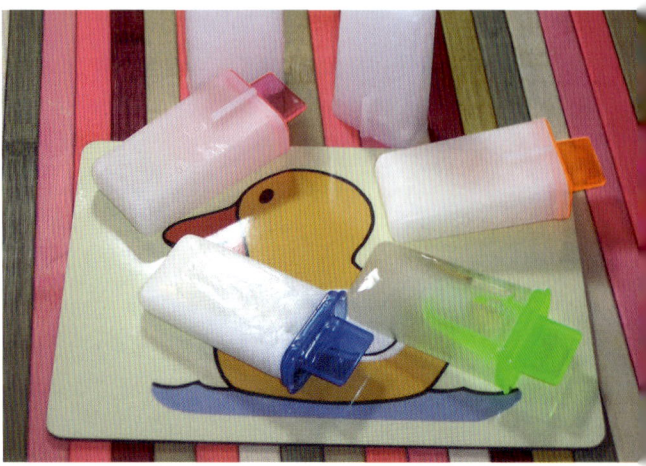

EISTEE FÜR KINDER

ab ~10 Monate

☑ 1, 5 Liter

- 1,5 Liter Wasser
- 1 Beutel Rooibostee
- 1 Orange

Tee nach Anleitung zubereiten.

Über Nacht in den Kühlschrank stellen.

Morgens eine Orange auspressen und zum Tee geben.

Mein Tipp
☑ Rooibostee von Alnatura ist schadstoffarm und enthält keine Aromen.

Wussten Sie, dass viele Eisteesorten Koffein enthalten und bei Kleinkindern zu Schlafstörungen führen können?

LIMONADE FÜR KINDER

ab ~10 Monate

☑ 1, 5 Liter

- 1 Zitrone
- 2 Orangen
- kaltes natriumarmes Mineralwasser mit Kohlensäure
- Eiswürfel aus Apfelsaft

Aus Apfelsaft Eiswürfel herstellen.

Zitrone und Orangen auspressen und mit Mineralwasser mischen.

Eiswürfel dazu geben.

Kinder lieben Limonade, leider enthalten viele Limonaden Zusätze wie Aromen, Geschmacksverstärker und Süßstoff. Außerdem sind sie meist viel zu süß.

GURKEN-CREME

ab ~12 Monate

- ☑ 12 Stunden im Kühlschrank haltbar
- ☑ glutenfrei

- ½ Salatgurke
- 3 Esslöffel Naturjoghurt 3,5%
- 100 ml kaltes Wasser
- 6 - 9 El Getreidebrei Reisflocken
- 1 Teelöffel Rapsöl

Die Gurke waschen und etwa die Hälfte der Gurke schälen.

Die geschälte Hälfte mit Wasser, Öl und Joghurt fein pürieren. Getreidebrei zugeben und nochmals pürieren.

Die andere Hälfte in sehr feine Stücke schneiden und unter den Brei geben.

PFIRSICH-COUSCOUS

ab ~10 Monate

- ☑ 1 – 2 Tage im Kühlschrank haltbar
- ☑ glutenhaltig

- 4 Esslöffel instant Couscous
- 50 ml Wasser
- 1 Orange
- 1 Pfirsich
- 1 Teelöffel Rapsöl

Wasser aufkochen. Couscous einrühren und quellen lassen.

Anschließend die Orange waschen, auspressen und den frisch gepressten Saft unter den Couscous rühren.

Den Pfirsich waschen, schälen, entkernen, in sehr kleine Stückchen schneiden und unter den Brei rühren.

Kalt stellen und leicht gekühlt servieren.

BRATAPFELAUFLAUF

ab 1 Jahr

☑ glutenfrei

- 🟧 1 großer Apfel
- 🟧 1 Ei
- 🟧 100 g Magerquark
- 🟧 1 Esslöffel Rapsöl
- 🟧 1 Teelöffel Zucker
- 🟧 Fett für die Form

Backofen auf 180° vorheizen.
Apfel waschen, schälen, entkernen, vierteln und in Scheiben schneiden.
Ei mit Quark, Rapsöl und Zucker cremig rühren.
Masse in eine kleine Auflaufform (oder Kessel) füllen.
Apfelscheiben darauf legen auf mittlerer Schiene bei Umluft 160° C ca. 30 Min. backen.

LAUCHGRATIN

ab 1 Jahr

☑ glutenhaltig

- 🟧 1 Teelöffel Butter
- 🟧 1 Esslöffel Mehl
- 🟧 75 ml Wasser
- 🟧 75 ml Milch
- 🟧 Pfeffer
- 🟧 eine Prise Salz
- 🟧 eine Prise Muskatnuss
- 🟧 etwas geriebener Mozzarella
- 🟧 1 Stange Lauch
- 🟧 2 Kartoffeln

Die Butter in einer Pfanne zerlassen und das Mehl darin anschwitzen.

Wasser und Milch zugeben und unter Rühren aufkochen. Pfanne abdecken und ca. 5 Minuten köcheln lassen.
Mit den Gewürzen abschmecken.

Lauch längs halbieren, waschen und fein schneiden. Kartoffeln schälen und in feine Würfel schneiden.

Den Backofen auf 175 °C vorheizen. Eine kleine Auflaufform mit Öl einpinseln. Die Kartoffelwürfel und den Lauch in die Form geben.

Die Sauce darüber gießen und für 35 Minuten in den Backofen schieben.

Den Käse darüber streuen und weitere 5 Minuten backen.

APFEL-ZIMT-KUCHEN

ab 1 Jahr

☑ glutenhaltig

- 🟧 250 g Weizenmehl
- 🟧 1 Teelöffel Backpulver
- 🟧 ½ Teelöffel Zimt
- 🟧 ¼ Teelöffel Salz
- 🟧 150 g Zucker
- 🟧 100 g Butter
- 🟧 1 Ei
- 🟧 3 Äpfel gehobelt

Backofen auf 180 C vorheizen.

Eine Napfkuchenform einfetten und mit Mehl bestäuben.

Mehl, Backpulver, Zimt und Salz vermischen.
Die Butter mit dem Zucker und Ei schaumig rühren. Nach und nach die Mehlmischung unterrühren.

Äpfel waschen, entkernen, raspeln und unter den Teig geben.

Den Teig in die vorbereitete Napfkuchenform geben und 45 Minuten im vorgeheizten Backofen backen.
Der Kuchen geht nicht ganz bis zum oberen Rand der Napfkuchenform auf. Den Kuchen 10 Minuten in der Backform stehen lassen, dann auf ein Kuchengitter stürzen und auskühlen lassen.

Gemüsecremesuppe

- 1 Stange Lauch
- ¼ Sellerie
- 4 Möhren
- 8 Kartoffeln
- Petersilie und Schnittlauch
- 1 Becher Sahne,
- Pfeffer und Muskatnuss

Gemüse putzen und hobeln.
Kartoffeln schälen und klein schneiden.
Petersilie und Schnittlauch fein hacken.
Alles gemeinsam in 500 ml Wasser und ½
Teelöffel Salz ca. 20 Min. kochen. Dann
pürieren und ½ Becher Sahne, eine Prise
Pfeffer und Muskatnuss zugeben.

Spitzkohl mit Reis und Pute

- 1 Beutel Reis
- 1 Spitzkohl
- 400 g Putenbrust
- 4-5 Esslöffel Rapsöl

Den Reis nach Anleitung kochen. Spitzkohl
waschen, putzen und in feine Streifen
schneiden. Putenbrust waschen,
abtrocknen und in Streifen schneiden. Die
Putenbrust in der Pfanne mit etwas Rapsöl
anbraten. Spitzkohl zugeben. Wenn nötig,
noch etwas Wasser zugeben.
10 Min. auf kleiner Stufe dünsten. Mit
Pfeffer und Salz abschmecken. Mit Reis
servieren.

Spinat, Kartoffelpüree und Fischstäbchen

- 10 - 15 Kartoffeln
- 1 Paket TK Spinat
- 1 Paket Fischstäbchen (Iglo)
- 4-5 Esslöffel Rapsöl

Kartoffeln schälen in Salzwasser kochen.
20 Minuten weich kochen, Wasser
abschütten, ¼ Tasse Milch und etwas
Butter zugeben und zu Püree stampfen.
Spinat erwärmen und Fischstäbchen in
Rapsöl braten.

Geschnetzeltes mit Zucchini

- 1 Beutel Reis
- 400 g Hähnchenfleisch
- 1 Esslöffel Olivenöl
- 1 Becher Sahne
- 2 Zucchini

1 Beutel Reis nach Anleitung kochen.
Putenfleisch in feine Streifen schneiden
und in 1 Esslöffel Olivenöl braten. Dann
einen Becher Sahne zugeben und bei
geschlossenem Deckel circa 15 Minuten
köcheln lassen. 1 Zucchini waschen,
entkernen und grob hobeln.
Zum Fleisch hinzugeben und noch 5
Minuten weiter köcheln lassen.
Mit Pfeffer und Salz abschmecken.
Reis auf einen Teller geben und das
Zucchini-Geschnetzelte darüber geben.

Pellkartoffeln mit Kräuterquark

- Kartoffeln
- 250 g Magerquark
- Frische Kräuter
- Pfeffer und Salz

Pro Kind je nach Größe 1 - 3 Kartoffeln. Kartoffeln gründlich gewaschen, in wenig Wasser, etwas Salz, im Topf garen und anschließend pellen.

Magerquark mit 1 Esslöffel Olivenöl und etwas Wasser glatt rühren. Frische Kräuter fein schneiden und zugeben. Mit Pfeffer und Salz abschmecken.

Kartoffeln mit Kohlrabi und Huhn

- 10 - 15 Kartoffeln
- 1 Kohlrabi
- 2 Möhren
- 150 g Hühnerbrust
- 1 EL Rapsöl

Kartoffeln, Kohlrabi und Möhren putzen, waschen, schälen und in ca. 1 cm große Würfel schneiden. Das Hühnerfleisch abspülen, und in 1 cm große Stücke schneiden. In Öl unter Rühren 2-3 Min. sanft anbraten. Mit ½ l Wasser ablöschen und das Gemüse und die Kartoffeln zugeben. Aufkochen lassen und zugedeckt bei schwacher Hitze 20-25 Min. weiter kochen, bis das Gemüse weich und das Fleisch gar ist. Dabei ab und zu umrühren.

Gemüse-Lasagne

- 1 Paket tiefgekühlter Blattspinat
- 1 Dose halbierte Tomaten
- 1 Becher Sahne
- Salz, Pfeffer
- 12 Lasagneblätter

Den Spinat nach Herstellerangaben auftauen lassen.
Mit Salz und Pfeffer würzen.
Die Hälfte des Spinats in einer Form verteilen.
Mit 4 Lasagneblättern abdecken.
Die halbierten Tomaten mit Flüssigkeit darauf verteilen und mit 4 Lasagneblättern belegen.
Den restlichen Spinat darauf verteilen und mit 4 Lasagneblättern abschließen. Die Sahne darüber gießen. Etwa 3-4 Stunden im Kühlschrank ziehen lassen. Die Lasagne mit Alufolie abdecken und im Backofen bei 200°C etwa 30 Min. backen. Die Alufolie entfernen und die Lasagne in ca. 25 Min. fertig garen.

Wenn ein Kind krank ist, ändert sich in der Regel sein Essverhalten. Die meisten Kinder haben nur wenig Appetit oder wollen gar nichts essen. Es ist nicht schlimm, wenn Ihr Kind nicht essen mag. **Wichtig ist, dass Ihr Kind ausreichend trinkt.**

Tipps gegen Flüssigkeitsverlust

Bereiten Sie die Säuglingsnahrung für zwei bis vier Tage mit ca. 30 ml mehr Wasser pro Flasche zu als üblich. Gestillte Babys sollten häufiger angelegt werden. Sie können zusätzlich abgekochtes Wasser oder Tee anbieten, dies aber nicht unbedingt notwendig, häufiges Stillen reicht meist aus. Karottensaft (ohne Honig) als Ersatz für die Mittagsmahlzeit kann durchaus für 2–3 Tage sinnvoll sein. Beachten Sie bitte, dass Karottensaft als Getränk auf Dauer ungeeignet ist. Ferner schädigen Säfte aus der Nuckelflasche die Zähne.

Solange Ihr Baby nicht essen möchte, sollte Ihr Baby Tee mit Elektrolyten trinken. Geben Sie auf 1 Liter Tee 7 Teelöffel Traubenzucker und ½ Teelöffel Meersalz.

Wichtig! Ungeeignet sind Fruchtsäfte. Die Säure verschlimmert die Symptome häufig und Ihr Baby kann schneller wund werden. Abgestandene Cola eignet sich nicht zur Behandlung von Durchfall, Erbrechen oder Fieber!

Öl in der Beikost

Es ist sinnvoll, bei Durchfall und Erbrechen, das Öl in den Breien für 2–3 Tage weg zu lassen, da Fette schwer verdaulich sind.

Getreidebrei

Vollkorn ist schwer verdaulich und kann den Darm reizen. In der Kinderklinik wird deshalb bei Magen–Darm–Infekten „Reisbrei" empfohlen. Reisbrei erhalten Sie z.B. von Alnatura, Hipp und Milupa. Dieser eignet sich zur Zubereitung von Milchbrei und Getreide–Obstbrei.

Hilfreiche Heilkräuter

Himbeerblättertee lindert den Flüssigkeitsverlust bei Durchfall und ist für Kinder ab 8 Monate geeignet. Himbeerblättertee erhalten Sie in der Apotheke und im Reformhaus.

Heidelbeeren haben eine stark flüssigkeitsbindende Wirkung und sind ab 8 Monaten geeignet. Lassen Sie Ihr Kind Heidelbeeren essen oder bereiten Sie aus getrockneten Heidelbeeren einen Tee zu. Getrocknete Heidelbeeren erhalten Sie in der Apotheke und im Reformhaus. Heidelbeeren erhalten Sie tiefgekühlt in fast jedem Supermarkt.

Fencheltee lindert Bauchschmerzen und wirkt entkrampfend.

Wichtig! Kamillentee und Pfefferminztee sind   für Kleinkinder nicht geeignet.

Karottensuppe nach Moro (ab 6 Monate)

- ✓ 500 g Möhren
- ✓ 1 Liter Wasser
- ✓ 1 knapper Teelöffel Salz (3 g)

500 Gramm geschälte Karotten in einem Liter Wasser eine Stunde lang kochen, dann im Mixer pürieren. Den pürierten Brei mit Wasser wieder auf einen Liter auffüllen und 3 Gramm Kochsalz (1 knapper Teelöffel) zugeben.

Die „Suppe" kann aus einem Becher/Glas oder Flasche angeboten werden oder mit „bio" Getreidebrei Reis (Reisbrei), z.B. von Milupa, angedickt werden um sie mit dem Löffel zu geben.

Mit Hilfe moderner Laboruntersuchungen fanden Wissenschaftler heraus, dass beim Kochen der Karotten kleinste Zuckermoleküle entstehen, so genannte Oligosaccharide. Sie sind den Darmrezeptoren zum Verwechseln ähnlich, so dass die Bakterien statt an der Darmwand an den Zuckermolekülen andocken und einfach ausgeschieden werden.

Geriebener Apfel (ab 8 Monate)

1 Apfel waschen und fein reiben.

Unter der Apfelschale befinden sich Pektine, die im Darm Flüssigkeit binden und so den Stuhlgang festigen können. ! Geriebener Apfel ohne Schale wirkt stuhlauflockernd!

Hühnerbrühe (ab 10 Monate)

- ✓ 2 Hühnerschenkel
- ✓ 1 Stange Lauch
- ✓ 1/4 Sellerieknolle
- ✓ 1–2 Möhren
- ✓ 1/4 Teelöffel Meersalz

Huhn in einem Topf mit 1,5 l Salzwasser zum Kochen bringen. Gemüse putzen, klein schneiden und dazugeben. 2 Stunden kochen lassen. Dann die Brühe durchseihen. Die Brühe kann über den Tag verteilt in kleinen Schlucken getrunken werden.

Heilnahrungsbrei (ab 7 Monate)

- ✓ 150 ml Wasser
- ✓ 3 Esslöffel Haferschmelzflocken
- ✓ 1 Prise Salz*
- ✓ 1 Teelöffel Zucker*
- ✓ 1/2 Banane
- ✓ 1/2 Apfel mit Schale

Apfel waschen, entkernen und in Stücke schneiden. Geschälte Banane zugeben und mit den weiteren Zutaten vor dem Kochen pürieren. Anschließend unter ständigem Rühren für 1–2 Minuten kochen und abkühlen lassen. Wirkt stuhlfestigend.
*Bei Durchfall und Erbrechen besteht ein erhöhter Bedarf an Salz und Zucker. Nach der Erkrankung sollten Sie auf Zucker und Salz verzichten

1 Prise Salz = 0,04 Gramm
1 Messerspitze = 0,25 Gramm
1 gestrichener Teelöffel = 5 Gramm

Alle Babys bekommen Zähne und sicherlich ist Zahnen keine Krankheit. Viele Kinder sind dennoch sehr empfindlich, wenn Sie zahnen und manchmal kommt es vor, dass die Beikost abgelehnt wird und das Baby lieber wieder gestillt werden möchte bzw. ein Fläschchen trinken möchte.

Gehen sie ruhig auf die Bedürfnisse Ihres Kindes ein, es ist nicht schlimm, wenn sie einige Tage auf Beikost verzichten.

Die üblichen Anzeichen fürs Zahnen sind: vermehrter Speichel, das Baby möchte auf Allem herum beißen, ein wunder Po, Unruhe und Quengeln, rote Wangen und erhöhte Temperatur.

Manche Kinder lehnen plötzlich Beikost ab, weil der Löffel als unangenehm empfunden wird.

Erste Hilfe beim Zahnen
✓ Ein Beißring bringt oft Linderung und Ablenkung.
✓ In schlimmen Nächten hilft manchmal ein Viburcol-Zäpfchen. Das beruhigt und wirkt ausgleichend, ist aber kein klassisches Schmerzmittel. Bitte fragen Sie in der Apotheke.
✓ Veilchen-Wurzel zum Kauen für Babys; die Wurzel schmeckt leicht bitter und wirkt beruhigend / betäubend. Bitte nur unter Aufsicht verwenden.

So bleiben die Zähne gesund
✓ Getränke nur im Trinkbecher anbieten.
✓ Nur geeignete Getränke anbieten.
✓ Mit dem Durchbruch der ersten Milchzähne sollten diese von den Eltern einmal am Tag mit einem Zahnputzfingerling und Wasser gereinigt werden.
✓ Ab etwa 10 Monate sollten die Zähne mit einer höchstens erbsengroßen Menge Kinderzahnpaste z.B. Weleda Kinderzahngel gereinigt werden.

Mit der Beikost ändert sich auch Babys Verdauung. Je nachdem was Ihr Baby isst, ändern sich Farbe, Geruch und Konsistenz des Stuhlgangs.

Seien Sie also nicht erschrocken, wenn sich die Farbe, Konsistenz sowie der Geruch des Stuhlgangs bei den verschiedenen Gemüsesorten ändern.

Babys, die bereits regelmäßig Beikost erhalten, sollten alle 1 – 2 Tage Stuhlgang entleeren.

Verstopfung

Als Verstopfung bezeichnet man erhärteten Stuhlgang mit schmerzhafter Entleerung.

Mögliche Ursachen

- ✓ Sehr kalkhaltiges Wasser
- ✓ Zu frühes Umstellen von Anfangsmilch-pre auf Anfangsmilch-1
- ✓ Zu wenig Flüssigkeit
- ✓ Zu wenig Bewegung
- ✓ Ein wunder Po oder eine kleine Verletzung am Anus

Was ist mit Milchzucker?

Bitte geben Sie keinen Milchzucker ins Fläschchen oder Essen. Milchzucker führt zwar bei einigen Kindern tatsächlich zur Stuhlentleerung, kann aber den Stuhlgang so wässrig werden lassen, dass Ihr Baby einen Flüssigkeitsmangel bekommen könnte.

Bei manchen Babys führt Milchzucker auch dazu, dass die Verstopfung noch schlimmer wird. Ferner verursacht Milchzucker häufig sehr starke Blähungen.

Erste Hilfe bei Verstopfung

- ✓ Dem Baby alle 1 - 2 Stunden Fencheltee anbieten
- ✓ Stillmütter können 3 - 5 Tassen Anis/Fenchel/Kümmeltee pro Tag trinken
- ✓ Anstatt Banane und Apfel, besser Birne und Aprikose verwenden
- ✓ Anstatt Möhren, besser Pastinake und Broccoli verwenden
- ✓ Verwenden Sie anstatt raffiniertem Rapsöl kaltgepresstes Rapsöl in den Breien
- ✓ Das Baby häufig nur leicht bekleidet oder besser nackt strampeln lassen
- ✓ Eine Fußmassage – massieren Sie die gesamte Fußsohle mit etwas Öl und beugen dabei etwas die Beinchen des Kindes
- ✓ Bei einem wunden Po eine entsprechende Wund- und Heilpaste verwenden
- ✓ Bei akuter Verstopfung und wenn alles andere nicht geholfen hat, können Sie in der Apotheke ein abführendes Glycerin-Zäpfchen für Babys kaufen und Ihrem Kind nach Anweisung verabreichen.

Rund 10%-15% aller Kinder sind von einer Allergie betroffen, etwa jedes dritte Baby hat ein erhöhtes Allergierisiko.

Als eine der Hauptursachen dafür muss wohl die zunehmende Belastung der Umwelt durch Fremdstoffe verschiedenster Art angesehen werden.

Da das kindliche Immunsystem erst lernen muss, mit allergieauslösenden Stoffen fertig zu werden, reagiert der Organismus des Babys besonders empfindlich und vermehrt auf Fremdstoffe.

Das können Sie tun, um Ihr Baby vor Allergien zu schützen.

Stillen Sie die ersten 6 Monate voll bzw. verwenden Sie 4-6 Monate eine **HA-Anfangsmilch.**

Beikost sollte Schritt für Schritt eingeführt werden. 1 bis 2 neue Lebensmittel pro Woche sind optimal. Bevorzugen Sie „bio" Produkte.

Vermeiden Sie einen einmaligen Kontakt mit Lebensmitteln. Regelmäßiger Kontakt zu neuen Lebensmitteln ist günstiger und verringert die Überreaktion des Immunsystems.

Vermeiden Sie Fertigprodukte und verzichten Sie auf Aromen, Geschmacksverstärker und Konservierungsstoffe.

Kaufen Sie **Kleidung** nur nach ÖKO Tex 100 oder in „bio" Qualität. Neue Kleidung unbedingt vor dem ersten Tragen waschen.

Duftstoffe sind Hauptauslöser für eine Allergie. Verzichten Sie auf Weichspüler und vermeiden Sie Parfüm.
Verzichten Sie unbedingt auf Raumdüfte und Duftkerzen.

Pflegeprodukte sollten frei von Duftstoffen sein, Achten Sie beim Kauf von Pflegeprodukten auf das Siegel des deutschen Allergie- und Asthma Bundes. Im DM-Drogeriemarkt erhalten Sie viele günstige Produkte mit diesem Siegel.

Das **Raumklima** spielt eine wichtige Rolle für die Atemwege und somit auch der Vermeidung einer Allergie. Lüften Sie mindestens 3-mal täglich Ihre Wohnung und vermeiden Sie Schimmelpilze. Sorgen Sie für eine rauchfreie Umgebung.

Frische Luft ist für die Entwicklung des Kindes wichtig. Gehen Sie täglich mit Ihrem Kind spazieren und vermeiden Sie dabei stark befahrene Straßen.

Tiere und das **Spielen auf der Wiese** sind erlaubt und wichtig für Ihr Baby. Sobald Ihr Kind sitzen kann, sollten Sie es auf der Wiese und auch im Sand spielen lassen. Familien mit erhöhtem Allergierisiko sollten ihr Baby jedoch von Katzen fernhalten.

Ernährungs-Fahrplan für das erste Lebensjahr	Morgens	Vormittags	Mittags	Nachmittags	Abends
1. bis 6. Monat					
Ab dem 7. Monat					
Ab dem 8. Monat					
Ab dem 9. Monat					
10. bis 12. Monat					

Milch Gemüsebrei Milch-Getreide-Brei Obst-Getreide-Brei Zwischenmahlzeit (Obst, Getreide)

babyclub.de

Quelle: Forschungsinstitut für Kinderernährung, Dortmund (FKE)

- *FKE*
  Forschungsinstitut für
  Kinderernährung
  www.fke-do.de
- *Gluten*
  Ein Eiweißstoff der in vielen
  Getreidesorten enthalten ist.
  Babys können diese Getreide erst ab
  7- 8 Monaten verarbeiten.
- *glutenfrei*
  Baby Produkte die kein Gluten
  enthalten werden meist als *glutenfrei*
  gekennzeichnet.
- *HA*
  Hypoallergen bedeutet "wenig
  sensibilisierend" oder "enthält
  weniger Stoffe mit einem bekannten
  Allergenen Potential"
- *instant*
  ist eine Bezeichnung für halbfertige
  Lebensmittel, die mit einer kalten
  oder warmen Flüssigkeit angerührt
  werden. Das Garen bei der
  Zubereitung entfällt.
- *Vanillin*
  Weltweit am meisten verwendeter
  Aromastoff z.B. in Vanillin Zucker.
  Er gilt als gesundheitsschädigend.
  www.zentrum-der-
  gesundheit.de/vanillin-ia.html
- *WHO*
  Weltgesundheitsorganisation
  www.euro.who.int

Prof. Dr. med. Walter Dorsch,
Marianne Loibl
Hausmittel für Kinder
96 Seiten, durchgehend farbig
bebildert, gebunden
ISBN: 978-3-86820-218-2

Die besten Hausmittel für häufige Beschwerden

Kinder erkranken häufig an Infekten: Nur so kann das kindliche Immunsystem seine Abwehrkräfte aufbauen. Hausmittel regen die Selbstheilungskräfte an, statt nur Symptome zu unterdrücken.

In diesem Ratgeber zeigen Ihnen ein Facharzt für Naturheilverfahren in der Kinderheilkunde sowie eine Medizinjournalistin und Mutter, wie Sie Ihrem Kind bei vielen Beschwerden mit wissenschaftlich anerkannten Hausmitteln helfen können.

Die Anwendung ist immer Schritt für Schritt leicht nachvollziehbar erklärt. Durch knappe Texte, klare Gliederung und ein Beschwerden-Register finden Sie in Sekunden zum richtigen Hausmittel.

www.nikol-verlag.de